Canciones inolvidables

Francisco Vázquez

Canciones inolvidables

Letras y acordes para aficionados a la guitarra y al piano

Revisión técnica de Joan Riera Robusté (compositor)

MA
NON
TROPPO

© 2021, Redbook Ediciones, s. l., Barcelona

Diseño de cubierta e interior: Regina Richling

ISBN: 978-84-18703-08-9

Depósito legal: B-10.238-2021

Impreso por Ingrabar, Industrias Gráficas Barcelona
c/ Perú. 144, 08020 Barcelona

Impreso en España - *Printed in Spain*

Índice

Presentación

El interés de la presente recopilación de canciones no se limita únicamente al ámbito musical, sino que posee un gran atractivo histórico al abarcar desde composiciones anónimas escritas en tiempos inmemoriales hasta prácticamente las canciones que «estrenan» el siglo XXI.

Si nos dedicamos sólo a ojear los textos de las canciones, encontraremos en ellas referencias a diferentes formas de vivir, de amar, de sentir, tanto en los aspectos más cotidianos de la existencia como en cuestiones más trascendentales, sean religiosas, políticas o sociales.

Estos sentimientos, como todos sabemos, siempre han sido esencialmente los mismos, aunque la forma en que se han manifestado ha variado en el transcurso del tiempo, y esto es lo que se descubre en este cancionero, con composiciones que se ciñen al ámbito de habla hispana.

Obviamente, no figuran todas las canciones que merecerían estar, ya que ello obligaría a una vasta recopilación, pero sí se recoge una buena muestra de todas aquellas canciones que han marcado una época y cuya vigencia se proyecta en el futuro.

Cabe decir que la mayoría de cancioneros editados suelen caracterizarse por la complejidad del acompañamiento de la obra. Ello provoca que no estén al alcance del gran público, sino sólo de una minoría de personas con una determinada formación musical. Por esta causa, los cancioneros no suelen despertar excesivo interés, ya que resultan un rompecabezas casi ilegible.

Sin embargo, el cancionero que el lector o aficionado a la música tiene en sus manos destaca técnicamente por la simplificación en el acompañamiento de las obras, ya sea con guitarra o con órgano eléctrico. En efecto, sin que ello signifique una pérdida en la calidad de la canción, hemos realizado pequeños cambios para una mejor comprensión del acompañamiento musical; de esta manera, por ejemplo, hemos evitado la inclusión de notas aumentadas o disminuidas. Además, si consideramos las equivalencias entre los acordes (por ejemplo, un «La♯» es lo mismo que un «Si♭»), comprobaremos que la tarea de «entender» técnicamente la canción es más sencilla de lo que se cree.

Para facilitar todavía más el acompañamiento musical hemos consignado los acordes de todas las estrofas en su lugar correspondiente, al contrario de lo que suelen indicar la mayoría de cancioneros, que presentan los acordes en el orden en que aparecen dentro de la canción, sin señalar las repeticiones. Con los acordes sugeridos para cada canción se conseguirá un acompañamiento muy correcto, y en numerosos casos incluso no sería necesario utilizar todos los acordes escritos para realizar un acompañamiento aceptable.

Evidentemente, en una canción, tras haber acotado el estribillo cuando aparece por primera vez, nos limitamos a señalar el lugar en el que vuelve a repetirse; para ello empleamos la palabra ESTRIBILLO y reescribimos la primera frase que da pie al mismo.

Hasta aquí las escasas consideraciones técnicas previas a la antología de canciones; escasas porque, a propósito, hemos pretendido ofrecer un cancionero realmente sencillo y útil para la mayoría de personas interesadas en la música de hoy y de siempre.

Acordes de guitarra

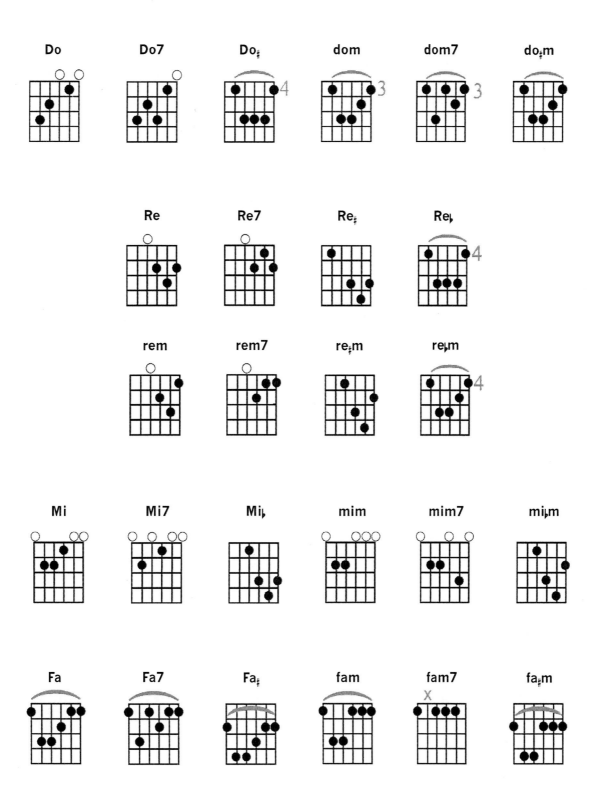

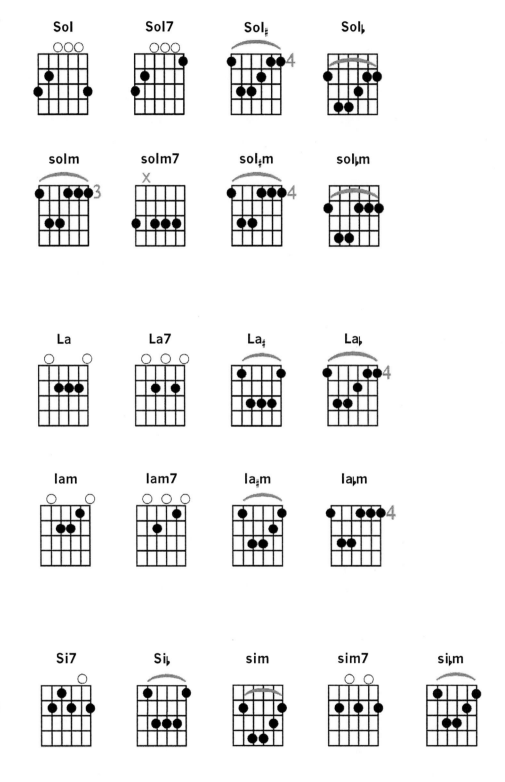

Acordes de piano

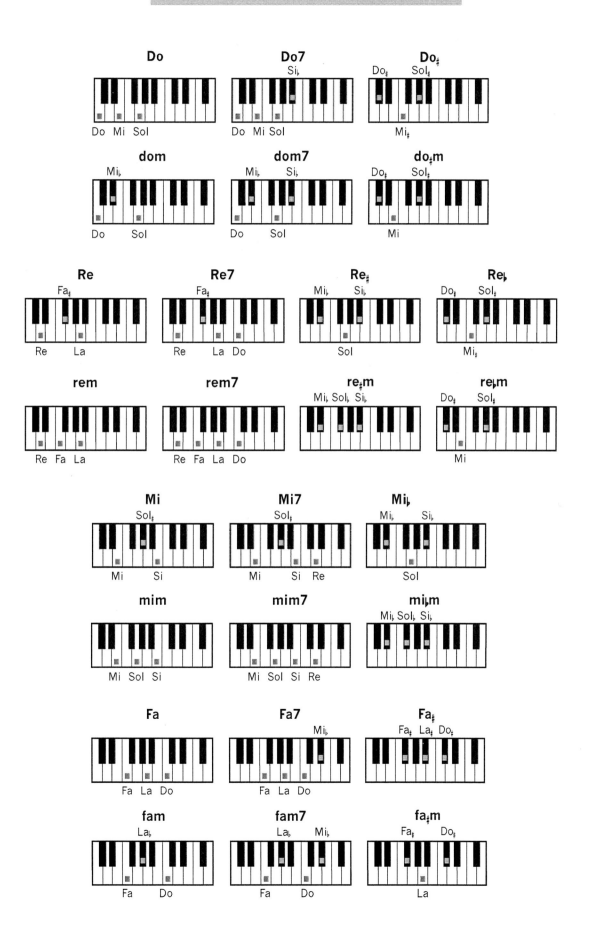

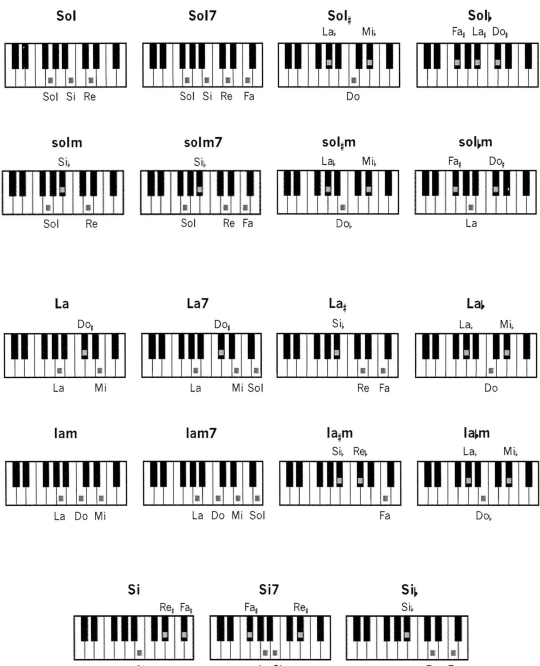

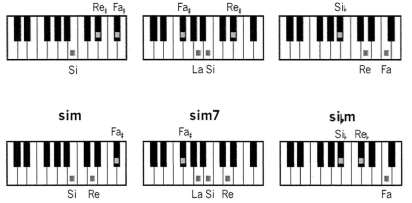

Antología de canciones

Acurrúcame

Popular

Esta noche, muñeca divina,
lam   Mi7   lam
con mi mandolina te vengo a cantar.
                                    Mi7
Sal prontito, carita de cielo,
que tenga el consuelo de verte asomar.
                    rem   Mi7   lam

Son mis notas lamentos del alma,
                Mi7   lam
suspiros que vuelan hacia tu balcón.
        La7   rem
No consientas, carita morena,
                        lam
que muera de pena y desilusión.
            Mi7   La

ESTRIBILLO
Acurrúcame, como a un niño que
La Mi7 La   sim
                        [tiembla de frío,
                            Mi7
acurrúcame, en un sueño de eterna
sim Mi7   sim   Mi7
                        [pasión.
                            La
Acurrúcame, que no puedo sufrir
La Mi7   La   La7
                        [tus desvíos,
                            rem
que tu amor ha de ser sólo mío,
                            lam
por favor dame tu corazón.
        Mi7   lam

Otra vez a rondarte he venido,
lam   Mi7   lam
de amores transido, soñando al cantar.
                                    Mi7
En tus labios quisiera algún día,
hallar, vida mía, la felicidad.
                    rem   Mi   lam

Son mis notas lamentos del alma,
                Mi7   lam
suspiros que vuelan hacia tu balcón,
        La7   rem
no consientas, carita morena,
                        lam
que muera de pena y desilusión.
            Mi7   La

ESTRIBILLO
Acurrúcame, como a un niño que
tiembla de frío...

18

Adiós con el corazón

Popular

ESTRIBILLO
Adiós con el corazón,
   Re   **La7**
que con el alma no puedo.
     mim **La7**   **Re**
Al despedirme de ti,
   Re   **La7**
al despedirme me muero.
  mim   **La7**   **Re**

Tú serás el bien de mi vida,
  La7   **Re**
tú serás el bien de mi alma,
  La7   **Re**
tú serás el pájaro pinto
   La7   **Re**
que alegre canta en la mañana.
   Si7   **mim** **La7**   **Re**

Al amanecer se marcha el tren,
       Re
se va mi amor, yo me voy con él. (2)
       La7   **Re**

No hay quien pueda, no hay quien pueda,
        Re   **La7**
con la gente marinera.
     mim **La7** **Re**
Marinera, pescadora, no hay quien pueda,
       La7 **mim**   **La7**
por ahora.
  Re

Si te quieres casar con las chicas de aquí,
      La7   **Re**
tienes que ir a buscar capital a Madrid,
        La7   **Re**
capital a Madrid, capital a Madrid,
   La7   **Re**
si te quieres casar con las chicas de aquí.
   La7   **Re**

ESTRIBILLO
Adiós con el corazón...

Adiós, Mariquita linda

M. Jiménez

Adiós, Mariquita linda,
Sol
ya me voy porque tú ya no me quieres
como yo te quiero a ti.
         Re7

Adiós, chaparrita chula,
ya me voy para tierras muy lejanas
                 Iam7

y ya nunca volveré.
Re7   **Sol**

Adiós, vida de mi vida,
         Sol Mi7
la causa de mis dolores,
         Iam
el amor de mis amores,
  dom   **Sol**
el perfume de mis flores
           Re7
para siempre dejaré.
     Sol

Adiós, Mariquita linda,
Sol
ya me voy con el alma entristecida
por la angustia y el dolor.
         Re

Me voy porque tus desdenes sin piedad
Sol
han herido para siempre mi pobre corazón.
             Re

Adiós, mi casita blanca,
    Sol Mi7
la cuna de mis amores,
       Iam
al mirar entre las flores
    dom   **Sol**
y al cantarte mis dolores
        Re7
te doy mi postrer adiós.
    Sol

A galopar

R. Alberti – P. Ibáñez

Las tierras, las tierras, las tierras de España,
mim
las grandes, las solas, desiertas llanuras.
Do
Galopa, caballo cuatralbo,
  sim
jinete del pueblo, que la tierra es tuya.
              Do

ESTRIBILLO
¡A galopar,
      sim
a galopar
hasta enterrarlos en el mar! (2).
       Do

A corazón suenan, suenan, resuenan
mim
las tierras de España en las herraduras.
Do
Galopa, caballo cuatralbo,
sim
jinete del pueblo, que la tierra es tuya.
              Do

ESTRIBILLO
¡A galopar...! (2)

Nadie, nadie, nadie, que enfrente no hay nadie;
mim
que es nadie la muerte si va en tu montura;
Do
galopa, caballo cuatralbo,
sim
jinete del pueblo, que la tierra es tuya.
         Do
ESTRIBILLO
¡A galopar...! (2)

Agapimú

Conte – Martini – Baldán

Tiemblas amor mío como una gota de rocío, agapimú.
   Mi   **do♯m**   **La**   **Si** **do♯m**
Entras en mi cuerpo como la lluvia entra en su huerto, agapimú.
  Mi   **do♯m**   **La**   **Si**

Nombras tú mi nombre como jamás lo dijo un hombre, agapimú.
   Mi   **do♯m**   **La** **Si** **do♯m**
Tocas mi cintura como la hiedra a poca altura, agapimú.
Mi   **do♯m**   **La**   **Si**

Eres el viento que nos besa, eres el peso que no pesa,
                La   **Si**
eres fuego y frío ni más ni menos amor mío, agapimú,
    La   **Si**   **do♯m**
ah, agapimú, ah, agapimú, ah, agapimú.
La **Si**   **do♯m** **La** **Si do♯m** **La Si**   **Mi**

Me hablas al oído y todo tiene otro sentido, agapimú.
   Mi   **do♯m**   **La** **Si do♯m**
Y me siento nueva como la nieve cuando nieva, agapimú.
   Mi   **do♯m**   **La**   **Si**

Dices que me quieres con una fuerza que me hiere, agapimú.
   Mi   **do♯m**   **La**   **Si**
Y me siento entera como una blanca primavera, agapimú.
   Mi   **do♯m**   **La**   **Si**

Eres el mar cuando se enfada, eres la noche iluminada.
             La   **Si**
Eres como el río que va regando el amor mío, agapimú,
    La   **Si**
ah, agapimú, ah, agapimú, ah, agapimú.
La **Si**   **do♯m** **La** **Si do♯m** **La Si**   **Mi**

Quédate conmigo, te pongo al cielo por testigo, agapimú.
   Mi   **do♯m**   **La** **Si** **do♯m**
Quédate a mi lado, tengo el amor por aliado, agapimú.
   Mi   **do♯m**   **La**   **Si**

Eres el sol cuando amanece, eres la espiga cuando crece.
             La   **Si**
Eres fuego y frío ni más ni menos amor mío, agapimú,
    La   **Si**
ah, agapimú, ah, agapimú, ah, agapimú.
La **Si**   **do♯m** **La** **Si do♯m** **La Si**   **Mi**

Al alba

L. E. Aute

Si te dijera, amor mío,
lam   **rem**

que temo a la madrugada,
                              lam

no sé que estrellas son esas,
                              rem

que hieren como amenazas,
                              lam

dicen que sangra la luna
                    rem   **Mi**

al filo de la guadaña.
            lam

Presiento que tras la noche
            rem   **Mi**

vendrá la noche más larga,
      La   **fa♯m**

quiero que no me abandones,
      Re   **sim**

amor mío, al alba.
Mi   **fa♯m**

ESTRIBILLO
Al alba, al alba,
                  Mi

al alba, al alba...
            fa♯m

Los hijos que no tuvimos
lam   **rem**

se esconden en las cloacas,
                              lam

comen las últimas flores,
                        rem

parece que adivinaran
                  lam

que el día que se avecina
                        rem   **Mi**

viene con hambre atrasada.
                  lam

Presiento que tras la noche
            rem   **Mi**

vendrá la noche más larga,
      La   **fa♯m**

quiero que no me abandones,
      Re   **sim**

amor mío, al alba.
Mi   **fa♯m**

ESTRIBILLO
Al alba, al alba...

Miles de buitres callados
lam   **rem**

van extendiendo sus alas.
                              lam

¿No te destroza, amor mío.
                              rem

este silencio al alba?
                  lam

¡Maldito baile de muerte,
                        rem   **Mi**

pólvora de la mañana!
            lam

Alfonsina y el mar

A. Ramírez

Por la blanda arena que lame el mar,
solm   **La**   **rem**
su pequeña huella no vuelve más.
   Mi7   **lam**
Un sendero sólo de pena y silencio
     Fa   **Sol7**   **Do**
llegó hasta el agua profunda.
  rem   **lam**   **Mi7 La7**
Un sendero sólo de penas mudas
     rem   **Sol7**   **Do**
llegó hasta la espuma.
     rem   **lam Mi7**   **lam**

Sabe Dios qué angustia te acompañó,
     solm   **La7**   **rem**
qué dolores viejos calló tu voz,
     Mi7   **lam**
para recostarte arrullada en el canto
     Fa   **Sol7**   **Do**
de las caracolas marinas.
  rem   **lam**   **Mi7 La7**
La canción que canta en el fondo
     rem   **Sol7**
                [oscuro
              Do
del mar, la caracola.
  rem   **lam Mi7 lam**

ESTRIBILLO
Te vas Alfonsina con tu soledad,
     rem7   **Sol7**   **Do**
¿qué poemas nuevos fuiste a buscar?
     solm   **La7**   **rem**
Una voz antigua de viento y de sal
    rem   **Mi7**   **lam**
te requiebra el alma y la está llamando,
   Mi7   **solm La7**

y te vas hacia allá como en sueños,
  rem   **Mi7**   **lam**
dormida, Alfonsina, vestida de mar.
  Fa   **Si7**   **Mi7**   **lam**

Cinco sirenitas te llevarán
     solm   **La**   **rem**
por caminos de algas y de coral,
      Mi7   **lam**
y fosforescentes caballos marinos
     Fa   **Sol7**   **Do**
harán una ronda a tu lado;
     rem   **lam**   **Mi7 La7**
y los habitantes del agua
     rem   **Sol7**
van a jugar pronto a tu lado.
Do   **rem lam**   **Mi7 lam**

Bájame la lámpara un poco más,
     solm   **La7**   **rem**
déjame que duerma, nodriza en paz,
     Mi7   **lam**
y si llama él no le digas que estoy,
     Fa   **Sol7**   **Do**
dile que Alfonsina no vuelve,
   rem   **lam**   **Mi7 lam**
y si llama él no le digas nunca que
     rem   **Sol7 Do**
                  [estoy,
                  rem
di que me he ido.
lam   **Mi7**   **lam**

ESTRIBILLO
Te vas Alfonsina con tu soledad...

Alma llanera

P. E. Gutiérrez

ESTRIBILLO
Yo nací en una ribera
Re
del Arauca vibrador.
  Mi   **La**
Soy hermana de la espuma,
  Sol   **La**
de las garzas, de las rosas.
Sol   **La**
Soy hermana de la espuma,
Sol   **La**
de las garzas, de las rosas
     Sol   **Re**
y del sol, y del sol.
   La   **Re**

Me arrulló la viva diana
 Re
de la brisa en el palmar
      Mi   **La**
y por eso tengo el alma
Sol   **La**
como el alma primorosa,
     Sol   **La**
y por eso tengo el alma
Sol   **La**
como el alma primorosa,
     Sol   **Re**
del cristal, del cristal.
  La   **Re**

Amo, canto, lloro, sueño,
Re **Sol** **La** **Re**
con claveles de pasión,
            Sol
con claveles de pasión. (2)
La   **Re**

ESTRIBILLO
Yo nací en una ribera...

Amor

R. López Méndez – G. Ruiz

ESTRIBILLO
Amor, amor, amor,
Do
nació de ti, nació de mí,
de la esperanza.
       rem7 Sol7   **rem7**
Amor, amor,
Sol7 rem
  nació de Dios para los dos,
        Sol7
nació del alma.
       fam Do   **lam**   **Si7**

Sentir que tus besos anidaron en mí,
  mim   **Si7**
igual que palomas mensajeras de paz.
               mim
Amor que mis besos despertaron en ti,
Re7 Sol   **Re7**
pasión que lleva tu corazón el solaz.
         Sol7

ESTRIBILLO
Amor, amor, amor...

Amor de hombre

Soutullo – Vert – L. G. Escolar

mim   Sol   Fa#   Si7

Ay, amor de hombre, que estás haciéndome llorar una vez más,
mim Si7   mim   Si7   Sol
sombra lunar, que me hiela la piel al pasar,
Si7   mim
que se enreda en mis dedos, me abraza en tu brisa,
                           Re   rem   Do
me llena de miedo.
    Do7   Si7

Ay, amor de hombre, que estás llegando y ya te vas una vez más,
mim Si7   mim   Si7   Sol
juego de azar, que me obliga a perder o a ganar,
Si7   mim
que se mete en mi sueño, gigante pequeño de besos extraños.
                           Re   rem   Do   Si7

Amor, amor de hombre, puñal que corta mi puñal, amor mortal,
   mim   Si7   Sol
te quiero, no preguntes por qué ni por qué no,
   Mi7   lam
no estoy hablando yo.

Te quiero, porque quiere quererte el corazón,
   Re7   Sol
no encuentro otra razón, canto de gorrión,
   mim   Do
que pasea por mi mente, anda ríndete
                       Si7   Do
si le estás queriendo tanto.
                    Si7

Ay, amor de hombre, que estás haciéndome reír una vez más,
mim Si7   mim   Si7   Sol
nube de gas, que me empuja a subir más y más,
Si7   mim
que me aleja del suelo, me clava en el cielo con una palabra.
                       Re   rem   Do   Si7

Amor, amor de hombre, azúcar blanca, negra sal, amor vital,
mim   Si7   Sol
te quiero...
   Mi7

Angelitos negros

A. E. Blanco – M. A. Maciste

Pintor nacido en mi tierra
lam   **Sol**
con el pincel extranjero,
Fa   **Mi**
pintor que sigues el rumbo
   rem   **Mi**
de tantos pintores viejos,
   rem   **Mi**
aunque la Virgen sea blanca
lam   **Sol**
pinta angelitos negros,
Fa   **Mi**
que también se van al cielo
rem   **Mi**
todos los negritos buenos.
rem   **Mi**

Pintor, si pintas con amor,
rem   **Mi**
por qué desprecias su color
   lam   **Sol**
si sabes que en el cielo
         Fa
también los quiere Dios.
         Mi

Pintor de santos de alcoba,
   lam   **Sol**
si tienes alma en el cuerpo,
Fa   **Mi**
por qué al pintar en tus cuadros
     rem   **Mi**
te olvidas de los negros,
rem   **Mi**
siempre que pintas iglesias
   lam   **Sol**
pintas angelitos bellos,
Fa   **Mi**
pero nunca te acordaste
rem   **Mi**
de pintar un ángel negro.
         lam

Arre, arre, arre

Popular

En el portal de Belén
Do
hay estrellas, sol y luna,
Fa   **Do**
la Virgen y San José
Sol
y el niño que está en la cuna.
Do

ESTRIBILLO
Arre, arre, arre, la marimorena,
Sol
arre, arre, arre que es la Nochebuena.
Do

En el portal de Belén
Do
nació un clavel encarnado
Fa   **Do**
que por redimir al mundo
Sol
se ha vuelto lirio morado.
Do

ESTRIBILLO
Arre, arre, arre la marimorena... (2)

¡Ay, Jalisco no te rajes!

E. Cortázar – M. Esperón

Ay, Jalisco, Jalisco, Jalisco,
Do
tú tienes tu novia,
que es Guadalajara.
       Fa   **Sol7**
Muchacha bonita, la perla más cara.
de todo Jalisco es mi Guadalajara.
           Do

Y me gusta escuchar los mariachis,
cantar con el alma
tus lindas canciones
      Fa   **Sol7**
y oír cómo suenan esos guitarrones
y echarme un tequila con los valentones.
          Do

Ay, Jalisco no te rajes,
Fa   **Do**
echar en el alma,
     Sol7
gritar con calor;
    Do
abrir todo el pecho
Do7   **Fa**
pa' echar este grito:
     Do
¡Qué lindo es Jalisco,
      Sol7
palabra de honor! (2)
   Do

Pa' mujeres, Jalisco primero,
lo mismo en los altos,
que allá en la cañada;
       Fa   **Sol7**
mujeres muy lindas, rechulas de cara,
así son las hembras de Guadalajara.
          Do

En Jalisco se quiere de veras,
porque es peligroso
querer a las malas;
     Fa   **Sol7**
por una morena echarme chapala
y bajo la luna de Guadalajara.
       Do

La bamba

L. Martínez Serrano

Bamba, la bamba, la bamba. (4)
Re   Sol   La   Sol
Para bailar la bamba, (2)
       Sol   Re   Sol La
se necesita una poca de gracia,
   Sol   La   Sol   Re Sol La
una poca de gracia y otra cosita.
    Sol   Re   Sol   La

Ay! Arriba y arriba,
    Sol   Re Sol La
¡Ay! Arriba y arriba y arriba y ven,
    Sol   Re   Sol   La
por ti seré, por ti seré.
   Sol Re   Sol La
Bamba, la bamba...

Para subir al cielo (2)
       Sol   Re   Sol La
se necesita una escalera larga.
   Sol   La   Sol   Re Sol La
una escalera larga y otra chiquita.
    Sol   Re   Sol   La
¡Ay! Arriba y arriba,
    Sol   Re Sol La
Ay! Arriba y arriba y arriba y ven.
   Sol   Re   Sol   La
Yo no soy marinero, (2)
    Sol   Re Sol La
soy capitán, soy capitán, soy capitán...
  Sol La   Sol Re   Sol La Sol
Bamba, la bamba...

En mi casa me llaman,
    Sol   Re Sol
en mi casa me llaman el inocente,
     Sol   Re   Sol   La
porque salgo con chicas,
   Sol   Re   Sol La

porque salgo con chicas de 15 a 20.
    Sol   Re   Sol La
¡Ay! Arriba y arriba, (2)
    Sol   Re   Sol La
por ti seré, por ti seré, por ti seré...
   Sol La   Sol Re   Sol La Sol
Bamba, la bamba...

Para ser secretaria,
    Sol   Re Sol La
para ser secretaria se necesitan
   Sol   Re   Sol   La
unas piernas bonitas,
    Sol   Re Sol La
unas piernas bonitas y otra cosita.
    Sol   Re Sol   La
¡Ay! Arriba y arriba, (2)
    Sol   Re   Sol La
por ti seré, por ti seré, por ti seré...
   Sol La   Re   Sol   La
Bamba, la bamba...

En mi casa me llaman,
    Sol   Re   Sol La
en mi casa me llaman el cachalote,
La Sol   Re   Sol La
porque cacha que veo,
    Sol   Re Sol La
porque cacha que veo me pego el lote.
   Sol   Re   Sol   La
¡Ay! Arriba y arriba, (2)
    Sol   Re   Sol La
por ti seré, por ti seré, por ti seré...
   Sol La   Sol Re   Sol La
Bamba, la bamba...

La bella Lola

Popular

Cuando en la playa la bella Lola
La
su lindo talle luciendo va,
          Mi
los marineros se vuelven locos
         La
y hasta el piloto pierde el compás.
   Mi   **La**

ESTRIBILLO
Ay, qué placer sentía yo,
      Mi   **La**
cuando en la playa,
     Mi
sacó el pañuelo y me saludó.
         La
Luego después, se vino a mí,
    Mi   **La**
me dio un abrazo
     Mi
y en aquel lazo creí morir.
      La

La bella Lola tenía un mono,
La
tenía un mono y se le murió;
        Mi
los marineros la consolaban:
        La
«no llores, Lola, que aquí estoy yo».
  Mi   **La**

ESTRIBILLO
Ay, qué placer sentía yo...

El beso

A. Ortega – F. Moraleda

mim   Si7   mim   Mi7   lam   mim   Si7   Mi

En España, bendita tierra,
    Si7   **Mi**
donde puso su trono el amor,
     Si7   **Mi**
sólo en ella
      La   **Mi**
el beso encierra
       do♯m   **La**
alegría, sentido y valor.
  La   **Si7**   **Mi**

ESTRIBILLO
La española cuando besa,
    lam
es que besa de verdad,
      Do **Si7**
que a ninguna le interesa
      lam
besar por frivolidad.
    Do   **Si7**

El beso, el beso, el beso en España,
          Do   **Si7**
lo lleva la hembra muy dentro del alma.
     mim   **Re**   **Sol**
Le puede usted besar en la mano,
  Do   **Si7**   **mim**
o puede darle un beso de hermano,
 lam   **Si7**   **Do**
y así la besará cuanto quiera,
 lam   **Si7**   **mim**
pero un beso de amor,
       Si7
no se lo dan a cualquiera.
       mim

Es más noble, yo le aseguro,
  Si7   **Mi**
y ha de causarle mayor emoción
  Si7   **Mi**
ese beso sincero y puro
    La Mi   **La** **Mi**
que llevamos en el corazón.
  La   **Si7**   **Mi**

ESTRIBILLO
La española cuando besa...

La boliviana

Popular

De Bolivia vengo bajando,
   rem   La7   rem
¡ay, ay, ay! pobre mi cholitay,
   Si♭ Do   Fa
sabe Dios si volveré a la tierra donde nací.
        La7   rem
sabe Dios si volveré a la tierra donde nací.
        La7   rem

Clavelitos, clavelitos,
   rem   La7 rem
envueltos en un papelito,
     Si♭ Do   Fa
corazón de piedra dura, ojos de manantialito,
          La7   rem
corazón de piedra dura, ojos de manantialito.
          La7   rem

ESTRIBILLO
Ya me voy, ya me voy,
  La♯   Sol
ya me voy yendo,
       Fa
sabe Dios si volveré a la tierra donde nací.
      La7   rem
sabe Dios si volveré a la tierra donde nací.
      La7   rem

Dicen que las aguas crecen
   rem   La7   rem
cuando acaba de llover,
  La♯ Do   Fa
así crecen mis amores cuando ya no te puedo ver,
       La7   rem
así crecen mis amores cuando ya no te puedo ver.
       La7   rem

ESTRIBILLO
Ya me voy, ya me voy...

Caminito

Coria – Filiberto – Peñaloza

Caminito que el tiempo ha borrado,
lam   **Mi7** **lam**
que juntos un día nos viste pasar,
lam7 **La7**   **rem**
he venido por última vez,
    Fa **Mi7**
he venido a contarte mi mal.
    Si7 **Fa** **Mi7**
Caminito, que entonces estabas
   lam   **Mi7** **lam**
bordado de trébol y juncos en flor,
  lam7 **La7**   **rem**
una sombra ya pronto serás,
       lam
una sombra, lo mismo que yo.
 rem   **Mi7** **La** **Mi La Mi** **La**

ESTRIBILLO
Desde que se fue
     Mi7
triste vivo yo,
  La
caminito amigo,
  Fa♯7 **sim Re**
yo también me voy.
 Mi7   **La**
Desde que se fue
     Mi7

nunca más volvió,
    La
seguiré sus pasos,
  Fa♯7 sim Re
caminito, adiós.
Mi7 **La Mi La** **Mi** **lam**

Caminito, que todas las tardes
   lam   **Mi7** **lam**
feliz recorría cantando mi amor,
  lam7 **La7**   **rem**
no le digas si vuelve a pasar
      Fa **Mi7**
que mi llanto tu suelo regó.
   Si7   **Fa** **Mi7**
Caminito cubierto de cardos,
   lam   **Mi7** **lam**
la mano del tiempo tu huella borró...
 lam7   **La7**   **rem**
yo a tu lado quisiera caer,
       lam
y que el tiempo nos mate a los dos.
 rem   **Mi7**   **La Mi La**
         [Mi **La**

ESTRIBILLO
Desde que se fue...

Campanas de Belén

Popular

Campana sobre campana
Mi   **Si7**
y sobre campana una.
          Mi
Asómate a la ventana,
         Si7
verás al Niño en la cuna.
         Mi

ESTRIBILLO
Belén, campanas de Belén,
       La   **Mi**
que los ángeles tocan,
    La   **Mi**
¿qué nuevas me traéis?
 Si7   **Mi**

Recogido tu rebaño,
Sol♯7 do♯m Si7   **Mi**
¿a dónde vas, pastorcillo?
Do♯7 Fa♯ **Si7**   **Mi**
Voy a llevar al portal
Sol♯ **do♯m** **Si7** **Mi**
requesón, manteca y vino.
Do♯7 **Fa♯**   **Si7**   **Mi**

Campana sobre campana,
 Mi   **Si7**
y sobre campana dos;
        Mi
asómate a esa ventana,
        Si7
porque está naciendo Dios.
          Mi

ESTRIBILLO
Belén, campanas de Belén...

Caminando a media noche
Sol♯7 **do♯m** **Si7**   **Mi**
¿dónde caminas, pastor?
 Do♯7 **Fa♯ Si7**   **Mi**
Le llevo al Niño, que nace
Sol♯ **do♯m**   **Si7**   **Mi**
como Dios, mi corazón.
Do♯7   **Fa♯ Si7**   **Mi**

Campana sobre campana
Mi   **Si7**
y sobre campana tres;
        Mi
en una cruz, a esta hora,
         Si7
el Niño va a padecer.
        Mi

ESTRIBILLO
Belén, campanas de Belén...

Si aún las estrellas alumbran,
Sol♯7 **do♯m**   **Si7**   **Mi**
pastor, ¿dónde quieres ir?
Do♯7   **Fa♯** **Si7**   **Mi**
voy al portal, por si el Niño
Sol♯7   **do♯m**   **Si7**   **Mi**
con Él me deja morir.
Do♯7 **Fa♯** **Si7** **Mi**

Cántame un pasodoble español

T. Leblanc – E. Paso – M. Paso

Si comparas un manojo de claveles,
lam   Mi7   lam
con las flores de otras tierras, tú verás,
                Mi7   lam
que el olor de los claveles españoles,
            La7   rem
no lo pueden otras flores igualar.
            Fa   Mi7

Si comparas un alegre pasodoble,
lam   Mi7   lam
con los mambos, boogie-boogie y el
                    Sol   Do
                [danzón,
verás entre todos ellos,
                Fa
lo que vale lo español.
        Mi7

ESTRIBILLO
Cántame un pasodoble español,
        La   Mi7   La
que al oírlo se borren mis penas,
                    sim   Mi7
cántame un pasodoble español,
        sim   Mi7
pa' que hierva la sangre en mis venas.
        sim   Mi7   La

Si tú vieras, vida mía,
solm   rem
tu cante qué bien me suena,
Mi7   La
cántame un pasodoble español.
        Mi7   La

Si comparas con las rosas de tu boca,
lam   Mi7   lam
los corales que se ocultan en la mar,
                Mi7   lam
tú verás cómo las rosas de tus labios
            La7   rem
son más rojas y más suaves que el
            Fa   Mi7
                        [coral.

Si comparas a tu pelo con la noche
        lam   Mi7   lam
y a tus ojos con la luz del mismo Sol,
                    Sol   Do
verás que en el mundo entero
                    Fa
lo que vale es lo español.
        Mi7

ESTRIBILLO
Cántame un pasodoble español...

37

Capullito de alhelí

R. Hernández

Lindo capullito de alhelí,
Do7
si tú supieras mi dolor,
Fa
correspondieras a mi amor
Do7
y calmaras mi sufrir.
Fa

ESTRIBILLO
Porque tú sabes que sin ti
Re7
la vida es nada para mí,
solm
tú bien lo sabes,
Do7
capullito de alhelí.
solm Fa   Do7 Fa

No hay en el mundo para mí
La7
otro capullo de alhelí
rem   La7   rem
que yo le brinde mi pasión
La7
y que le dé mi corazón.
rem   La7 rem

Tú sólo eres la mujer
Sol7
a quien he dado mi querer
Do   Sol7 Do
y te brindé, lindo alhelí,
Sol7
fidelidad hasta morir.
Do   Sol7   Do

Por eso yo te canto a ti,
Do7
lindo capullito de alhelí,
Fa
dame tu aroma seductor
Do7
y un poquito de tu amor.
Fa

ESTRIBILLO
Porque tú sabes que sin ti...

Cartagenera

F. Cabanillas – N. Vanella

Paseando mi soledad,
   lam   **Mi7**
por la playa de Marbella,
            lam
yo te vi cartagenera,
   Sol   **Fa Mi7**
luciendo tu piel morena.

Y en tibias noches de luna,
   lam   **Mi7**
cuando me besa la brisa,
          lam
yo siento cartagenera,
   Sol   **Fa** **Mi7**
el cascabel de tu risa.
       lam

Cartagenera tu boca,
   Mi7
es como guayaba madura,
    lam
cartagenera tus ojos,
  Mi7
en mi recuerdo perduran.
   lam

Cartagenera morena,
    Sol
bañada con luz de luna,
  Fa   **Mi7**
bañada con luz de luna,
cartagenera morena.
   lam

Chiquilla

Seguridad Social

Por la mañana me levanto
Mi
y voy corriendo desde mi cama
Fa
para poder ver a esa chiquilla
por mi ventana.
Mi

Es que yo llevo to' el día sufriendo
y es que la quiero con toda mi alma
Fa
y la persigo en mi pensamiento
de madrugada.
Mi

Tengo una cosa que me arde dentro,
que no me deja pensar en nada,
Fa
ay, que no sea en esa chiquilla
y en su mirada.
Mi

ESTRIBILLO
Y yo la miro
La
y ella no me dice nada,
Mi
pero sus dos ojos negros
Fa
se me clavan como espadas,
Mi
pero sus dos ojos negros
Fa
se me clavan como espadas,
Mi
¡Ay, chiquilla!

Este silencio que me desvive,
me dice cosas que son tan claras,
Fa
que yo no puedo, no puedo, no puedo
dejar de mirarla.
Mi

Y yo tengo que decir pronto
que estoy loquito de amor por ella
Fa
y que sus ojos llevan el fuego
de alguna estrella.
Mi

Que las palabras se quedan cortas
para decir todo lo que siento,
Fa
pues mi chiquilla es lo más bonito
del firmamento.
Mi

ESTRIBILLO
Y yo la miro...

Y yo la quiero,
La
como el sol a la mañana,
Mi
como los rayos de luz
Fa
a mi ventana yo la quiero,
Mi
como los rayos de luz
Fa
a mi ventana. ¡Ay, chiquilla!
Mi

Cielo rojo

Popular

Solo, sin tu cariño, voy caminando,
lam   **Sol**
voy caminando y no sé qué hacer,
          Fa   **Mi7**
ni el cielo me contesta
lam   **Sol**
cuando pregunto por ti, mi bien.
              Fa   **Mi7**

No he podido olvidarte desde la
    lam

                              [noche,
                              Sol
desde la noche en que te perdí,
          Fa   **Mi7**
sombras de duda y celos,
lam   **Sol**
solo, me envuelven, pensando en ti.
              Fa   **Mi7**   **La**

ESTRIBILLO
Deja que yo te busque y si te
                  La

                              [encuentro,
y si te encuentro, vuelve otra vez,
                              Mi7
olvida lo pasado,
Re   **La**
ya no te acuerdes de aquel ayer,
              Mi7   **La**
olvida lo pasado,
Re   **La**
ya no te acuerdes de aquel ayer.
          Mi7   **lam**

Mientras yo estoy dormido sueño que
                              [vamos
                              Sol
los dos muy juntos a un cielo azul,
          Fa   **Mi7**
pero cuando despierto
lam   **Sol**
mi cielo es rojo, me faltas tú.
          Fa   **Mi7**

Aunque yo sea culpable de aquella
    lam

                              [triste,
                              Sol
de aquella triste separación,
              Fa   **Mi7**
vuelve, por Dios, tus ojos,
lam   **Sol**
vuelve a quererme, vuelve mi amor.
              Fa   **Mi7**   **La**

ESTRIBILLO
Deja que yo te busque...

Sol   lam   Sol   lam   La

Cien gaviotas

Duncan Dhu

Hoy el viento sopla más de lo normal,
Si♭   **Fa**   **Do**
las olas intentando salirse del mar,
   Si♭   **Fa**   **Do**
el cielo es gris y tú no lo podrás cambiar,
   Si♭   **Fa**   **Do**
mira hacia lo lejos, busca otro lugar
   Si♭   **Fa**   **Do**
y cien gaviotas dónde irán.
   Fa   **Sol**   **Do**

Hoy no has visto a nadie
 Si♭   **Fa**   **Do**
con quien derrumbar
 Si♭   **Fa**   **Do**
los muros que gobiernan en esta ciudad,
   Si♭   **Fa**   **Do**
hoy no has visto a nadie
Si♭   **Fa**
con quien disfrutar
      Do
placeres que tan sólo tú imaginarás,
Si♭   **Fa**   **Do**
y tus miradas dónde irán.
   Fa   **Sol**   **Do**

ESTRIBILLO
Hoy podrás beber y lamentar
 Do   **mim**
que ya no volverán
    Fa
sus alas a volar,
   Si♭
y cien gaviotas dónde irán.
        Do

Hoy el día ya no es como los demás,
Si♭   **Fa**   **Do**
el ron y la cerveza harán que acabes mal,
Si♭   **Fa**   **Do**
nena, ven conmigo, déjate llevar,
 Si♭   **Fa**   **Do**
hoy te enseñaré dónde termina el mar
   Si♭   **Fa**   **Do**
y cien gaviotas dónde irán.
   Fa   **Sol**   **Do**

ESTRIBILLO
Hoy podrás beber y lamentar...

Clavado en un bar

Maná

¡Oh, yeah!

Aquí me tiene bien clavado
Si   Fa♯

soltando las penas en un bar,
sol♯m

brindando por tu amor,
Mi

aquí me tiene abandonado,
Si   fa♯m

bebiendo tequila pa' olvidar
sol♯m

y sacudirme hasta el dolor.
Mi

¿Dónde estas bendita?,
 Si Fa♯   sol♯m

¿dónde te has metido?,
 Si   Fa♯   sol♯m

abre un poco el corazón,
Re♯   Fa

deja amarte, corazón,
Re♯   Fa

ven y sácame de este bar.
Re♯   Fa   Fa♯

Estoy clavado,
 Si

estoy herido,
re♯m   fa♯m   Fa

estoy ahogado en un bar,
sol♯m   Mi

desesperado,
Sí

en el olvido, amor,
re♯m   fa♯m   Fa

estoy ahogado en un bar, ¡hey!
sol♯m   Mi

Sé que te gustan demasiados
Si   Fa♯

que te pretenden cantidad,
sol♯m

pero eso no es felicidad,
Mi

y mi amor nunca se raja
Si   Fa♯

y mi amor nunca jamás te va a fallar.
sol♯m

Nunca jamás,
 Mi

voy desesperado,
 Si

voy en el olvido,
re♯m

estoy ahogado en un bar,
sol♯m   Mi

déjate querer, amor,
sol♯m   Mi

quiero ser tu todo
 Si

y tu corazón,
re♯m

ven a rescatarme, amor,
sol♯m   Mi

yo quiero ser tu sol,
Si

yo quiero ser tu mar, oooohhh.
fa♯m

Como llora una estrella

A. Carrillo – A. Vivas

Recuerdos de un ayer. que fue pasión,
lam   **mim**   **lam**

y el suave titilar que ayer yo vi,
     La7   **rem**

en tu dulce mirar tu amor sentí,
          mim

tu cara angelical, rosa de abril.
    lam   **mim**

Cómo quisiera yo amar y ser
lam   **mim**   **lam**

la mística oración que hay en ti,
       La7   **rem**

pero al no sentir tu raro amor de ayer,
          mim

la estrella solitaria llorará de amor.
    lam   **mim**

Dame la tierna luz de tu lindo mirar,
         lam

que es como el titilar de una estrella de amor
     mim   **lam**

y en éxtasis profundo de pasión
       rem

mis versos tristes yo te brindaré
       lam

y en tu lozana frente colgaré
      mim

la estrella de este gran amor.
      lam

Compostelana

D. Martínez – Méndez Vigo

Pasa la tuna en Santiago
rem   **solm**
cantando muy quedo romances de
     rem   **La7**   **rem**
[amor.
Luego la noche en sus ecos
      solm
los cuela de ronda por cada balcón.
    Do   **Fa**

Pero allá en el templo del Apóstol Santo
      La7   **rem**
una niña llora ante su patrón,
    solm **Do**   **Fa**
porque la capa del tuno que adora
   solm   **rem**
no lleva la cinta que ella le bordó,
  La7   **rem Re7**
porque la capa del tuno que adora,
   solm   **rem**
no lleva la cinta que ella le bordó.
    La7   **Re**

Cuando la tuna te dé serenata
      Re   **La7**   **Re**   **Si7**
no te enamores, compostelana,
     mim   **La7**   **Re**
pues cada cinta que adorna mi capa
        La7   **Re Si7**
lleva un trocito de corazón.
    mim **La7**   **Re**   **Re7**
Tralalararalaralará.
Sol   **La7**   **Re**   **Si7**

No te enamores, compostelana,
    mim   **La7**   **Re**   **Re7**
y deja la tuna pasar
  Sol   **La7**   **Re**   **Si7**
con su tralaralará.
  mim   **La7**   **Re**

Hoy va la tuna de gala
  rem   **solm**
cantando y tocando la marcha nupcial.
       rem   **La7**   **rem**
Suenan campanas de gloria
        solm
que dejan desierta la universidad.
      Do   **Fa**

Y allá en el templo del Apóstol Santo
    La7   **rem**
con el estudiante hoy se va a casar
      solm   **Do**   **Fa**
la galleguiña melosa y celosa
       solm   **rem**
que oyendo esta copla ya no llorará,
      La7   **rem Re7**
la galleguiña melosa y celosa
       solm   **rem**
que oyendo esta copla ya no llorará.
    La7   **Re**

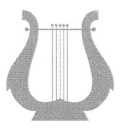

Corazón, corazón

J. A. Jiménez

Es inútil dejar de quererte,
solm   **Re7**   **solm**
ya no puedo vivir sin tu amor,
      solm   **Re7**
no me digas que voy a perderte,
no me quieras matar, corazón.
      solm

Yo, qué diera por no recordarte,
     Re7   **solm**
yo, qué diera por no ser de ti,
  Sol7   **dom**
pero el día que te dije te quiero,
      solm
te di mi cariño y no supe de mí.
 Re7   **solm**

ESTRIBILLO
Corazón, corazón,
  Re7   **solm**
no me quieras matar, corazón.
 Re7   **solm**

Si has pensado dejar mi cariño,
  Sol   **Sol**
recuerda el camino donde te encontré,
      Re7
si has pensado cambiar tu destino,
recuerda un poquito quién te hizo mujer.
      Sol

Si después de sentir tu pasado
me miras de frente y me dices adiós,
  Sol7   **dom**
te diré con el alma en la mano
  dom   **solm**
que puedes quedarte, que yo me voy.
  Re7   **solm**

ESTRIBILLO
Corazón, corazón...

Cruz de navajas

N. Cano – J. M Cano

A las cinco se cierra la barra del 33,
Fa   Sol7   Do   lam   Fa
pero Mario no sale hasta las seis.
            Sol7   Re mim   Fa
Y si encima le toca hacer caja, despídete,
            Sol7   Do   lam Fa
casi siempre se le hace de día.
          Sol7   lam
Mientras María ya se ha puesto en pie,
          mim   Fa   Sol7   Do lam
ha hecho la casa, ha hecho hasta el café
          mim   Fa   Sol7   Do   rem
y le espera medio desnuda.
          Sol7

Mario llega cansado y saluda sin mucho afán.
Fa   Sol7   Do   lam Fa
Quiere cama pero otra variedad
          Sol7 Re   mim   Fa
y María se moja las ganas en el café,
          Sol7   Do   lam   Fa
magdalenas de sexo convexo.
          Sol7   lam
Luego el trabajo en un gran almacén,
          mim   Fa Sol7 Do   lam
cuando regresa no hay más que un somier
            mim   Fa   Sol7 Do   rem
taciturno que usan por turnos.
          Sol7

Cruz de navajas por una mujer,
Do   Sol   lam   Fa
gritos mortales despuntan al alba,
Do   Sol   lam   Fa
sangres que tiñen de malva el amanecer.
Do   Fa   Sol   Do

Pero hoy como ha habido redada en el 33,
Fa   Sol7   Do   lam Fa
Mario vuelve a las cinco menos diez.
          Sol7   Re   mim   Fa

Por su calle vacía a lo lejos sólo se ve
            Sol7   Do   lam   Fa
a unos novios comiéndose a besos.
            Sol7   lam
El pobre Mario se quiere morir,
          mim   Fa Sol7   Do   lam
cuando se acerca para descubrir
            mim   Fa Sol7   Do   rem
que es María con compañía.
            Sol7

Sobre Mario de bruces, tres cruces,
Fa   Sol7   Do lam   Fa
una en la frente, la que más dolió,
          Sol7   Re mim   Fa
otra en el pecho, la que le mató,
              Sol7 Do lam   Fa
y otra miente en el noticiero:
          Sol7   lam
dos drogadictos en plena ansiedad,
          mim   Fa Sol7   Do   lam
roban y matan a Mario Postigo
            mim   Fa Sol7 Do   rem
mientras su esposa es testigo desde el portal.
                                        Sol7

En vez de cruz de navajas por una mujer...
          Do   Sol   lam   Fa

La cucaracha

M. A. Velasco

ESTRIBILLO
La cucaracha, la cucaracha
Mi
ya no puede caminar,
Si7
porque no tiene, porque le falta
marihuana que fumar.
Mi

Ya se van los carranchistas,
ya se van para Perote,
Si7
y no pueden caminar
por causa de sus bigotes.
Mi

ESTRIBILLO
La cucaracha, la cucaracha...

Con las barbas de Carranza
voy a ser una toquilla
Si7
para ponérsela al sombrero
del señor Francisco Villa.
Mi

ESTRIBILLO
La cucaracha, la cucaracha...

Cumpleaños feliz

ESTRIBILLO
Cumpleaños feliz,
  Sol   **Re**
cumpleaños feliz
     Re   **Sol**
te desean tus amigos
       Do   **lam**
desde aquí. (2)
    Sol

El día en que tú naciste,
acababas de nacer
         Re
y a los quince días justos
 Do   **Sol**
ya tenías medio mes.
 La   **Re**

ESTRIBILLO
Cumpleaños feliz... (2)

El día en que tú naciste,
ya me lo dijo tu abuela:
          Re
«Este niño vivirá
  Do   **Sol**
hasta el día que se muera».
 La   **Re**

ESTRIBILLO
Cumpleaños feliz... (2)

Asómate a la ventana,
saca medio cuerpo fuera,
         Re
saca luego el otro medio,
Do   **Sol**
verás qué torta te pegas.
La   **Re**

ESTRIBILLO
Cumpleaños feliz... (2)

El día en que tú naciste
nacieron todas las flores;
         Re
por eso los albañiles
Do   **Sol**
llevan alpargatas blancas.
La   **Re**

De colores

Popular

De colores, de colores se visten
Do
los campos en la primavera.
Sol7

De colores, de colores son
los pajarillos que vienen de fuera.
Do

De colores, de colores es el
arco iris que vemos lucir
Fa
y por eso los ricos amores,
Do
de muchos colores, me gustan a mí. (2)
Do

Delirio

C. Portillo

Si pudiera expresarte cómo es de inmenso, en el fondo
La7   **Do**   **Fa7**

de mi corazón,]
sim   **Mi7**

mi amor por ti.
La7

Ese amor delirante que abraza mi alma,
mim   **La7**   **rem**

en pasión que atormenta mi corazón.
Si7   **fam**   **Mi7**

Siempre que estás conmigo en mi tristeza,
La7   **Do**   **Fa7**

estás en mi alegría y en mi sufrir.
sim   **Sol**   **La7**

Porque en ti se encierra toda mi dicha;
Re   **rem**   **do♯m**

si no estoy contigo, mi bien, no sé qué hacer.
Fa♯7   **Si7**   **Mi7**   **mim Mi7**

Es mi amor delirio de estar contigo,
fa♯m lam   **La7**

y yo soy dichoso porque me quieres también.
do♯m   **dom**   **sim**   **Mi7**   **La**

(bis desde «Siempre que estás conmigo en mi tristeza»...)

El desterrado

O. Parra

Desterrado me <u>fui</u> para el mu<u>ey</u>,
La7 Re   La7   Re
desterrado por el gobierno al <u>añ</u>o volví
                               La7
con aquel cariño in<u>men</u>so,
                    Re
me fui con el fin de por allá qued<u>ar</u>me,
                            Sol
sólo el am<u>or</u> de esa mu<u>jer</u> me hizo vol<u>ver</u>.
   Re   La7   Re

Ay, qué <u>no</u>ches tan intranquilas paso en la <u>vi</u>da sin ti,
   La7   Re
ni un p<u>arie</u>nte ni un amigo ni a quien que<u>jar</u>me,
   Re   La7
me fui con el fin de por allá qued<u>ar</u>me.
                          Sol

Sólo el am<u>or</u> de esa mu<u>j</u>er me hizo vol<u>ver</u>.
   Re   La7   Re

Dime, niño, ¿de quién eres?

Popular

Dime, niño, ¿de quién eres,
Do
todo vestido de blanco?
Sol7   **Do**
Soy de la Virgen María
Fa   **Sol7**   **Do**
y del Espíritu Santo.
rem Sol7   **Do**

Dime, niño, ¿de quién eres
Do
y si te llamas Jesús?
Sol7   **Do**
Soy amor en el pesebre
Fa   **Sol7**   **Do**
y sufrimiento en la cruz.
rem   **Sol7**   **Do**

ESTRIBILLO
Resuenen con alegría
Do
los cánticos de mi tierra
Sol7   **Do**
y viva el niño de Dios
Sol7   **rem**
que nació en la Nochebuena. (2)
Sol7   **Do**

La Nochebuena se viene,
Sol7
la Nochebuena se va
Fa   **Do Sol** **Do**
y nosotros nos iremos
Sol7
y no volveremos más.
Fa   **Do**   **Sol** **Do**

ESTRIBILLO
Resuenen con alegría... (2)

Dime, señor

Mocedades

Sólo en el puerto de la verdad
Re   **sim**   **mim** **La7**

veo mi vida meciéndose en el mar.
Re   **sim**   **Sol**   **La7**

Es una barca que no viene ni va,
fa♯m **sim**   **mim** **La7**

mis esperanzas son velas sin hinchar.
Re   **sim**   **Sol**   **La7**

No tengo playas donde atracar,
Re   **sim**   **mim** **La7**

no tengo amarras, a nadie tengo ya.
Re   **sim**   **Sol**   **La7**

A la deriva está mi barca en el mar,
fa♯m **sim**   **mim**   **La7**

a la deriva mi vida flota ya.
Re   **sim**   **Sol** **La7**

Dime, señor, a quién tengo que esperar,
Re   **La**   **Sol**   **La7**

con qué viento, con qué rumbo debo navegar.
       Sol   **La7** **Sol**   **Mi** **Re** **La7**

Dime, señor pescador del mas allá,
Re   **La**   **Sol**   **La7**

habrá un puerto donde pueda anclar.
Sol   **La7**   **Re**

La **sim** **fa♯m** **La7**

Sólo en el puerto de la verdad
Re   **sim**   **mim** **La7**

dos flores blancas se mecen en el mar.
Re   **sim**   **Sol**   **La7**

Son dos amores que no puede alcanzar,
fa♯m **sim**   **mim**   **La7**

son dos entregas y, a cambio, soledad.
Re   **sim**   **Sol**   **La7**

Dos cruces

C. Larrea

Sevilla tuvo que ser, con su lunita plateada,
       Mi7   **lam**   **La7**
testigo de nuestro amor bajo la noche callada.
        rem Si7   **Mi7**
Y nos quisimos tú y yo con un amor sin pecado,
        Mi7   **lam**   **rem**
pero el destino ha querido que vivamos separados.
      lam   **Si7** **Mi7** **La**

ESTRIBILLO
Están clavadas dos cruces en el monte del olvido,
        Si♭   **La** **Mi7**
por dos amores que han muerto sin haberse comprendido.
       La **Mi7**   **La**
Están clavadas dos cruces en el monte del olvido,
        Si♭   **La** **Mi7**
por dos amores que han muerto, que son el tuyo y el mío.
      La **sim7**   **Mi7**   **La**

¡Ay, barrio de Santa Cruz! ¡Oh, plaza de Doña Elvira!,
      Mi7   **lam**   **La7**
hoy vuelvo yo a recordar y me parece mentira.
     rem Si7   **Mi7**

Y todo aquello acabó, todo quedó en el olvido,
      Mi7   **lam**   **rem**
nuestras promesas de amores en el aire se han perdido.
      lam   **Si7 Mi7**   **La**

ESTRIBILLO
Están clavadas dos cruces en el monte del olvido...

Dos palomitas

Popular

Dos palomitas se lamentaban llorando,
mim   **Sol**   **Do Re7 Sol**

una a la otra se consolaban diciendo:
       mim   **Sol Si7 mim**

quién te ha cortado tus bellas alas, paloma,
mim   **Sol**   **Do Re7 Sol**

algún falsario ha sorprendido tu vuelo.
       mim   **Sol Si7 mim**

¡Ay, ay, ay!, paloma,
Do Re7 Sol Do Re7 Sol

algún falsario ha sorprendido tu vuelo.
       mim   **Sol Si7 mim**

Ella

J. A. Jiménez

Me cansé de rogarle,
La
me cansé de decirle
que yo sin ella
de pena muero.
Mi7
Ya no quiso escucharme,
Mi7
si sus labios se abrieron
fue pa' decirme:
«ya no te quiero».
La

Yo sentí que mi vida
La
se perdía en un abismo
profundo y negro
La7
como mi suerte.
Re
Quise hallar el olvido
Re
al estilo Jalisco,
Mi7   La
pero aquellos mariachis
Mi7
y aquel tequila
me hicieron llorar.
La

Me cansé de rogarle,
La
con el llanto en los ojos
alcé mi copa
y brindé por ella.
Mi7
No podía despreciarme,
Mi7
era el último brindis
de un bohemio con una reina.
La

Los mariachis callaron,
La
de mi mano sin fuerzas
cayó mi copa
La7
sin darme cuenta.
Re

Ella quiso quedarse
Re
cuando vio mi tristeza,
Mi7   La
pero ya estaba escrito
Mi7
que aquella noche,
perdiera su amor.
La

Érase una vez

J. A. Goytisolo – P. Ibáñez

Érase una vez
Mi
un lobito bueno
     Si7
al que maltrataban
todos los corderos. (2)
     Mi

Y había también
Mi
un príncipe malo,
     Si7
una bruja hermosa
y un pirata honrado. (2)
     Mi

Todas esas cosas
había una vez
     Si7
cuando yo soñaba
un mundo al revés. (2)
     Mi

Esclavo y amo

Popular

No sé qué tie<u>ne</u>n tus ojos,
lam
no sé qué tiene tu b<u>oc</u>a,
Sol
que dominan mis an<u>to</u>jos
Fa
y a mi sangre vuelven <u>lo</u>ca.
Mi7

No se cómo <u>fui</u> a quererte
lam
ni cómo te fui ador<u>an</u>do,
Sol
me siento morir mil <u>ve</u>ces
Fa
cuando no te estoy mir<u>an</u>do.
Mi7

De noche, cuan<u>do</u> me acuesto,
rem
a Di<u>os</u> le pido olvid<u>ar</u>te
Mi7   **lam**
y al amanecer desp<u>ier</u>to
Sol
tan s<u>ólo</u> para adora<u>rte</u>.
Fa   **Mi7**

ESTRIBILLO
Qué influencia <u>tie</u>nen tus labios
lam
que cuando me besas, tiem<u>blo</u>
Sol
y haces que me sienta es<u>cla</u>vo
Fa
y amo del unive<u>rso</u>.
Mi7

De noche, cuan<u>do</u> me acuesto,
rem
a Di<u>os</u> le pido olvid<u>ar</u>te
Mi7   **lam**
y al amanecer desp<u>ier</u>to
Sol
tan s<u>ólo</u> para adora<u>rte</u>.
Fa   **Mi7**

ESTRIBILLO
Qué influencia tienen tus labios...

Españolito

A. Machado – J. M. Serrat

Ya hay un español que quiere
Do   **Sol**   **Do**

vivir y a vivir empieza
  Fa   **Re7**   **Sol**

entre una España que muere
Fa   **Do**   **Mi7**

y otra España que bosteza.
     lam   **Fa**   **Sol**

RECITADO
Españolito que vienes
al mundo, te guarde Dios.
Una de las dos Españas
ha de helarte el corazón.

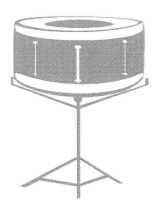

Esta noche nace el Niño

Popular

Esta noche nace el Niño
Do   **Sol**   **Do**
entre la paja y el hielo,
solm   **Do**   **Fa**
ta-ra-ra-ra-ra-ra-ran,
ta-ra-ra-ra-ra-ra-lan,
ra-la-lan-lan.
        Do   **Fa**

Quién pudiera, mi niño hermoso,
                Sol
vestirte de terciopelo,
        Sol   **Sol**
ta-ra-ra-ra-ra-ra-ran,
ta-ra-ra-ra-ra-ra-ran,
ta-ra-ra-ra-tan-lan-tan.
        Sol Do

Su madre en la luna
        Fa
durmiéndole está
                Sol
y quiere dormirle
        Sol
con dulce cantar,
                Do
la-ran-la-la-la-la-la-ran,
        Fa
la-la-la,
        Sol
la-la-la-la-la-la-la-ran,
                Sol
la-la-la.
        Do

Fina estampa

C. Granda

Una veredita alegre
Si7
con luz de luna o de sol
Mi
prendida, como una cinta
Si7
con sus lados de arrebol.
Mi

Arrebol de los geranios
Si7
y sonrisas con rubor,
Mi
arrebol de los claveles
Si7
y las mejillas en flor.
Mi

Perfumada de gardenia,
Si7
rociada de mañanita,
Mi
la veredita sonríe
Si7
cuando tu piel la acaricia.
Mi

Y la cuculí se ríe
Si7
y la ventana se agita
Mi
cuando por esa vereda
Si7
tu fina estampa paseas.
Mi

ESTRIBILLO
Fina estampa, caballero,
Si7   **Mi**
caballero de fina estampa,
Si7
un lucero que sonriera bajo un sombrero,
Mi   **Si7**

no sonriera más hermoso, ni más luciera,
Mi   **Si7**
caballero, y en su andar, andar reluce
Mi   **Si7**
la acera al andar, andaaar.
Mi

Te lleva hacia los aguajes
Si7
y a los patios encantados,
Mi
te lleva hacia las praderas
Si7
y a los amores soñados.
Mi

Veredita que se arrulla
Si7
con tafetanes bordados,
Mi
tacón de chafín de seda
Si7
y justes almidonados.
Mi

Es un caminito alegre
Si7
con luz de luna o de sol
Mi
que he de recorrer cantando
Si7
por si te puedo alcanzar,
Mi
fina estampa, caballero,
Si7
quién te pudiera guardar.
Mi

ESTRIBILLO
Fina estampa, caballero...

Flor marchita

Popular

En cada hoja del libro
    mim **Si7**   **mim**
voy dibujando una flor,
 Si7   **mim Mi7**
que se parezca a tu cara
   lam   **Mi7**   **lam**
en su encendido rubor.
         Do **Si7**

Pero no lo he conseguido,
    mim **Si7**   **mim**
he de subir al altar,
Si7   **mim**
robarle una a la Virgen,
Do **lam**   **mim**
y así poderte cantar.
Si7   **Mi**

ESTRIBILLO
Toma, niña, esta rosa,
    Mi
plántala en tu balcón.
        Si7
No la dejes, se deshoja,
    fa♯m
cuídala con amor.
Si7 **Mi** **Sol♯7**

Si la flor se marchita mi vida se apaga,
   do♯m **sol♯m**   **La** **Mi**
no juegues, niña, y dame la flor.
Do♯7   **fa♯m** **Si7**   **Mi Sol♯7**
Si la flor se marchita mi vida se acaba,
   do♯m **sol♯m**   **La** **Mi**
mátame antes que muera de amor.
Do♯7   **fa♯m** **Si7** **Mi**

De noche cuando me duermo
    mim **Si7**   **mim**
sueño, bendita ilusión,
 Si7   **mim** **Mi7**
tú a mi lado, chiquilla,
  lam   **Mi7**   **lam**
juntos paseamos los dos.
      Do   **Si7**

Todas las noches lo mismo,
    mim **Si7** **mim**
no quiero ya soñar más,
 Si7   **mim**
quiero que vengas conmigo,
 Do   **lam**   **mim**
y así poderte cantar.
Si7   **Mi**

ESTRIBILLO
Toma, niña, esta rosa...

El gato que está triste y azul

R. Carlos

Cuando era un chiquillo, qué alegría,
Do   **Sol**
jugando a la guerra noche y día,
Sol7   **Do**
saltando una verja, verte a ti
                    Do7   **Fa**
y así, en tus ojos, algo nuevo descubrir.
fam   **Do**   **Sol**   **Do**

Las rosas decían que eras mía
              Do   **Sol**
y un gato, que me hacía compañía,
              Sol7   **Do**
desde que me dejaste, no sé por qué,
                        Do7   **Fa**   **fam**
la ventana es más alta sin tu amor.
Do   **Sol**   **Do**

El gato que está en nuestro cielo
Do   **mim**
no va a volver a casa si no estás.
Sol   **Fa**
No sabes, mi amor, qué noche bella,
presiento que tú estás en esta estrella.
Sol   **Do**

El gato que está triste y azul
              mim   **lam**
nunca se olvida que fuiste mía,
        Fa   **Sol**   **Do**
mas sé que sabrá de mi sufrir,
              mim   **lam**
lágrima clara de primavera.
        Fa **Sol** **Do**
El gato, en la oscuridad,
mim   **lam**
sabe que, en mi alma, una lágrima hay.
              Fa   **Sol**   **Do**

Gracias a la vida

V. Parra

Gracias a la vida, que me ha dado tanto,
mim   **Si7**   **mim**
me dio dos luceros que, cuando los abro,
           Re   **Sol**
perfecto distingo lo negro del blanco
           Si7   **mim**
y en el alto cielo su fondo estrellado,
           Re   **Sol**
y en las multitudes, al hombre que yo
           Do   **Si7**   **mim**
                              [amo.

Gracias a la vida, que me ha dado tanto,
           Si7   **mim**
me ha dado el cielo, que en todo su
           Re
                              [ancho
                              Sol
graba noche y día grillos y canarios,
           Si7   **mim**
martillos, turbinas, ladridos, chubascos,
           Re   **Sol**
y la voz tan tierna de mi bien amado.
           Do   **Si7**   **mim**

Gracias a la vida, que me ha dado tanto,
           Si7   **mim**
me ha dado el sonido y el abecedario,
           Re   **Sol**
con él las palabras que pienso y
           Si7
                              [declaro,
                              mim
madre, amigo, hermano, y luz
           Re
                              [alumbrando,
                              Sol
la ruta del alma del que estoy amando.
           Do   **Si7**   **mim**

Gracias a la vida, que me ha dado tanto,
           Si7   **mim**

me ha dado la marcha de mis pies
           Re
                              [cansados,
                              Sol
con ellos anduve ciudades y charcos,
           Si7   **mim**
playas y desiertos, montañas y llanos,
           Re   **Sol**
y la casa tuya, tu calle y tu patio.
           Do   **Si7**   **mim**

Gracias a la vida, que me ha dado tanto,
           Si7   **mim**
me dio el corazón que agita su mano,
           Re   **Sol**
cuando miro el fruto del cerebro
           Si7
                              [humano,
                              mim
cuando miro el bueno tan lejos del
           Re
                              [malo,
                              mim
cuando miro el fondo de tus ojos
           Do   **Si7**
                              [claros.
                              mim

Gracias a la vida, que me ha dado tanto,
           Si7   **mim**
me ha dado la risa y me ha dado el
           Re
                              [llanto,
                              Sol
así yo distingo dicha de quebranto,
           Si7   **mim**
los dos materiales que forman mi canto,
           Re   **Sol**
y el canto de todos que es mi propio
           Do   **Si7**
                              [canto.
                              mim

Guantanamera

J. Martí

ESTRIBILLO
Guantanemera, guajira
Do   Fa   Sol
guantanamera.
Do   Fa   Sol
Guantanamera, guajira
Do   Fa   Sol
guantanamera.
Do   Fa   Sol

Yo soy un hombre sincero
Do   Fa   Sol
de donde crece la palma
Do   Fa   Sol
y antes de morirme quiero
Do   Fa   Sol
echar mis versos del alma.
Do   Fa   Sol

ESTRIBILLO
Guantanemera, guajira...

Yo vengo de todas partes
Do   Fa   Sol
y hacia todas partes voy;
Do   Fa   Sol
arte soy entre las artes,
Do   Fa   Sol
en los montes, montes soy.
Do   Fa   Sol

ESTRIBILLO
Guantanemera, guajira...

Oculto en mi pecho bravo
Do   Fa   Sol
la pena que me lo hiciere;
Do   Fa   Sol

el hijo de un pueblo esclavo
Do   Fa   Sol
vive por él, calla y muere.
Do   Fa   Sol

ESTRIBILLO
Guantanemera, guajira...

Con los pobres de la tierra
Do   Fa   Sol
quiero yo mi suerte echar;
Do   Fa   Sol
el arroyo de la sierra
Do   Fa   Sol
me complace más que el mar.
Do   Fa   Sol

ESTRIBILLO
Guantanemera, guajira...

Yo sé de un pesar profundo
Do   Fa   Sol
entre las penas son nombres;
Do   Fa   Sol
la esclavitud de los hombres
Do   Fa   Sol
es la gran pena del mundo.
Do   Fa   Sol

ESTRIBILLO
Guantanemera, guajira...

Estimo a quien de un revés
Do   Fa   Sol
echa por tierra a un tirano;
Do   Fa   Sol
lo estimo si es cubano,
Do   Fa   Sol

lo estimo si aragonés.
Do   Fa   Sol

ESTRIBILLO
Guantanemera, guajira...

Mi verso es de un verde claro
Do   Fa   Sol
y de un carmín encendido,
Do   Fa   Sol
mi ciervo es un ciervo herido
Do   Fa   Sol
que busca en el monte amparo.
Do   Fa   Sol

ESTRIBILLO
Guantanemera, guajira...

Gocé una vez de tal suerte
Do   Fa   Sol
que gocé cual nunca: cuando
Do   Fa   Sol

la sentencia de mi muerte
Do   Fa   Sol
leyó el alcalde llorando.
Do   Fa   Sol

ESTRIBILLO
Guantanemera, guajira...

Yo quiero, cuando me muera,
Do   Fa   Sol
con patria, pero sin amo,
Do   Fa   Sol
tener en mi losa un ramo
Do   Fa   Sol
de flores ¡y una bandera!
Do   Fa   Sol

ESTRIBILLO
Guantanemera, guajira...

Hijo de la luna

J. M. Cano – N. Cano

Tonto el que no entienda,
mim   lam   mim   lam
cuenta la leyenda,
mim   lam   mim   lam
que una hembra gitana
Sol   Si7
conjuró a la luna
mim   Re
hasta el amanecer.
Do   Si7   mim   lam

Llorando pedía
Sol   Si7
que al llegar el día
mim   Re
desposar un calé.
Do Si7   mim   lam mim lam

Tendrás a tu hombre, piel morena,
mim   lam   mim   lam
desde el cielo habló la luna llena,
mim   lam mim   lam
pero a cambio quiero
Sol   Si7
el hijo primero
mim   Re
que le engendres a él.
Do   Si7   mim   lam

Que quien su hijo inmola
Sol   Si7
para no estar sola
mim   Re
poco le iba a querer.
Do Si7   mim lam Fa7

ESTRIBILLO
Luna quieres ser, madre,
sim   Sol   Fa7

y no encuentras querer
sim   Sol
que te haga mujer.
Fa7   sim

Dime, luna de plata,
          Sol   Fa7
qué pretendes hacer
sim   Sol
con un niño de piel.
Fa7   sim

Ah-ah-ah-ah.
mim   sim
Ah-ah-ah-ah.
mim   sim
Hijo de la luna.
Do   mim   lam mim Do

De padre canela nació un niño
mim   lam   mim   lam
blanco como el lomo de un armiño.
mim   lam mim   lam
Con los ojos grises
mim   Re
en vez de aceituna,
mim   Re
niño albino de luna.
Do   Si7   mim lam

Maldita su estampa,
Sol   Si7
este hijo es un payo
mim   Re
y yo no me lo callo.
Do Si7   mim lam Fa7

ESTRIBILLO
Luna quieres ser, madre...

Gitano, al creerse deshonrado
mim   lam   mim   lam

se fue a su mujer cuchillo en mano,
mim   lam   mim   lam

de quién es el hijo,
Sol   Si7

me has engañao fijo,
mim   Re

y de muerte la hirió.
Do   Si7   mim   lam

Luego se hizo al monte
Sol   Si7

con el niño en brazos
mim   rem

y ahí le abandonó.
Do   Si7   mim   lam   Fa7

ESTRIBILLO
Luna quieres ser, madre...

Y en las noches que haga luna llena
mim   lam   mim   lam

será porque el niño esté de buenas.
mim   lam   mim   lam

Y si el niño llora
Sol   Si7

menguará la luna
mim   Re

para hacerle una cuna.
Do   Si7   mim   lam

Y si el niño llora
Sol   Si7

menguara la luna
mim   Re

para hacerle una cuna.
Do   Si7   mim

lam   mim   lam   mim

Himno a la alegría

M. Ríos

Escucha, hermano,
Re   **La**
la canción de la alegría,
     sim   **Mi7**   **La7**
el canto alegre del que espera
Re   **La**   **sim**
un nuevo día.
     La7   **Re**

ESTRIBILLO
Ven, canta, sueña cantando,
  La   **Re**   **La**   **Re**
vive soñando el nuevo sol,
  La   **sim**   **Mi**   **La7**
en que los hombres volverán
Re   **La**   **fa♯m**   **sim**
a ser hermanos.
  Mi   **La7**   **Re**

Si en tu camino
Re   **La**
sólo existe la tristeza
     sim   **Mi7**   **La7**
y el llanto amargo de la soledad
Re   **La**   **sim**
completa.
     La7 Re

ESTRIBILLO
Ven, canta, sueña cantando...

Si es que no encuentras
Re   **La**
la alegría en esta tierra,
     sim   **Mi7**   **La7**
búscala, hermano, más allá
  Re   **La**   **sim**
de las estrellas.
     La7   **Re**

ESTRIBILLO
Ven, canta, sueña cantando...

Horas de ronda

Villena – Villellas

Con algazara cruza por la población
    lam   **Mi7**
la alegre tuna desgranando una canción,
       rem   **Mi7**   **lam** **La7**
canción amante, canción de ronda,
       rem   **lam**
que hace feliz a la mujer en su ilusión.
       rem   **Mi7**   **lam**

Por una escala de guitarras y bandurrias
        lam   **Mi7**   **lam**
trepan las coplas hasta el último balcón.
    rem   **Mi7**   **lam rem Mi7**

Horas de ronda de la alegre juventud
      La   **Si♭**   **Mi7**
que abren al viento surcos de noble inquietud.
       sim   **Mi7**   **La**
Sal niña hermosa, sal pronto a tu balcón,
         Si♭   **sim**
que un estudiante te canta con pasión.
       Mi7   **La**

Horas de ronda que la noche guardará
      La   **Si♭**   **Mi7**
como un recuerdo que jamás se borrará.
     Do♯7   **fa♯m**
La estudiantina te dice adiós, mujer,
    Fa♯   **sim**
y no suspires que pronto ha de volver.
  Mi7   **lam**

Rasga el silencio de la noche una canción
 lam   **Mi7**
que busca abrigo en un amante corazón,
      rem   **Mi7** **lam** **La7**
horas de ronda, rumor de capas,
      rem   **lam**
y una letrilla que se enreda en un balcón.
    rem   **Mi7**   **lam**

Tras los cristales una sombra femenina
       lam   **Mi7**   **lam**
que escucha atenta, temblorosa de emoción.
    rem   **Mi7**   **lam rem**   **Mi7**

Islas Canarias

J. M. Tarridas

¡Ay, Canarias! la tierra de mis amores,
Mi   **lam**
ramo de flores que brotan de la mar.
Si7   **mim Si7 mim Si7**

Vergel (ay, mi vergel sin par) de belleza
mim   **lam**   **Si7**
              [sin par,
              mim
son nuestras islas Canarias, que hacen
Re   **Do7**   **Si7**   **lam**
           [despierto soñar.
         Do   **Si7**

Jardín (bello jardín en flor) ideal
    Mi   **lam**   **Si7**
         [siempre en flor,
         mim
son tus mujeres las rosas, luz del cielo
Re   **Re7**   **Sol** **Si7**
         [y del amor.
        Mi

Islas Canarias, islas Canarias. (2)
     Si7   **Mi**

El corazón de los guanches,
   [(islas Canarias, islas Canarias)
    La   **Si7**
y el murmullo de la brisa.
   [(islas Canarias, islas Canarias)
    Mi

El corazón de los guaaaaanches,
    Mi   **La fa♯m**
   [(islas Canarias, islas Canarias)
    Fa♯7 Si7
y el murmullo de la brisa.
      fa♯m
   [(islas Canarias, islas Canarias)
    Si7 Mi

Suspiran todos amaaantes,
    mim   **Re**
  [(islas Canarias, islas Canarias) (2)
  Do Si7
por el amor de una isa.
       Mi
[(Islas Canarias, Islas Canarias)

Desde la cumbre bravííííía,
  Mi   **La fa♯m** **Si7**
hasta el mar que nos abraza.
       Mi

Desde la cumbre bravííííía,
  Mi   **La** **fa♯m Si7**
hasta el mar que nos abraza.
fa♯m   **Si7 Mi**

No hay tierra como la mííía, (2)
    mim   **Re Do Si7**
ni raza como mi raza.
     Mi

Mi La Si7 Mi La Si7 Mi

¡Ay!, mis siete islas Canarias,
  Mi   **lam Si7**
con el pico Teide de guardián,
       Mi
son siete hermosos corazones
    lam **Si7**
que palpitan al mismo compás.
     Mi

¡Mis siete islas Canarias!
lam   **Mi**

Libre

Armenteros – Herrero

Tiene casi veinte años y está cansado de soñar
lam   Mi7   lam   Sol   lam

pero tras la frontera está su hogar, su mundo y su ciudad.
rem   Mi7   lam   rem   Mi7

Piensa que la alambrada sólo es un trozo de metal,
lam   Mi7   lam Sol   lam

algo que nunca puede detener sus ansias de volar.
rem   Mi7   lam   rem   Mi7 Sol7

ESTRIBILLO

Libre como el sol cuando amanece, yo soy libre como el mar,
Do   lam   Do   lam

libre como el ave que escapó de su prisión y puede al fin volar.
rem   Sol   Do

Libre como el viento que recorre su lamento y mi pesar,
            Fa   Do Mi lam

camino sin cesar, buscando la verdad y sabré lo que es al fin la libertad.
Fa   Do   Sol7   Do   Sol7   Do

Con su amor por bandera se marchó cantando una canción.
lam   Mi7   lam   Sol   lam

Marchaba tan feliz que no escuchó la voz que le llamó,
rem   Mi7   lam   rem   Mi7

y tendido en el suelo se quedó sonriendo sin hablar,
lam   Mi7   lam   Sol   lam

sobre su pecho flores carmesí brotaban sin césar.
rem   Mi7   lam rem Mi7   Sol7

ESTRIBILLO
Libre como el sol cuando amanece...

Lo dejaría todo

Chayanne

lam   Re   Sol   Do   (2)

He intentado casi todo para convencerte,
lam   Re

mientras el mundo se derrumba todo aquí a mis pies,
Sol   Do

mientras aprendo de esta soledad que desconozco,
            lam   Re

me vuelvo a preguntar quizás si sobreviviré.
Sol   Do

Porque sin ti me queda la conciencia en la demasía,
            lam   Re

porque sin ti me he dado cuenta, amor, que no renaceré,
            Sol   Do

porque yo he ido más allá del limite de la desolación,
            lam   Re

mi cuerpo, mi mente y mi alma ya no tienen conexión
            Do   lam   Sol   lam

y yo te juro que...
            Re

ESTRIBILLO
Lo dejaría todo porque te quedaras,
            Sol

mi credo, mi pasado, mi religión,
            Do

después de todo estás rompiendo nuestros lazos
            Re

y dejas en pedazos a este corazón,
            Sol

mi piel también la dejaría, mi nombre, mi fuerza, hasta mi propia vida,
            Do   Sol   Re   Fa#

y qué más da perder, si te llevas de él toda mi fe,
mim   lam   Re

qué no dejaría.
            Do   Sol

Duelen más tus cosas buenas cuando estás ausente,
lam

yo sé que es demasiado tarde para remediar,
Sol   **Do**

no me queda bien valerme de diez mil excusas
lam   **Re**

cuando definitivamente sé que ahora te vas.
Sol   **Do**

Aunque te vuelva a repetir que estoy muriendo día a día,
          lam   **Re**

aunque también estés muriendo, no me perdonarás,
Sol   **Do**

aunque sin ti haya llegado al límite de la desolación,
          lam   **Re**

mi cuerpo, mi mente y mi alma ya no tienen conexión,
          Do   **lam**   **Sol**   **lam**

sigo muriéndome...
          Re

ESTRIBILLO
Lo dejaría todo porque te quedaras... (2)

Mi cuerpo, mi mente y mi alma ya no tienen conexión,
          Do   **lam**   **Sol**   **lam**

qué no dejaría.
          Do   **Sol**

Lucía

J. M. Serrat

Vuela esta canción
lam
para ti, Lucía,
rem
la más bella historia de amor
Do
que tuve y tendré.
Mi

Es una carta de amor
lam
que se lleva el viento
rem
pintado en mi voz
Do
a ninguna parte,
Sol
a ningún buzón.
lam

No hay nada más bello
Sol
que lo que nunca he tenido,
rem   **Do**
nada más amado
que lo que perdí.
lam

Perdóname si
sim
hoy busco en la arena
lam
una luna llena
rem
que arañaba el mar.
Mi

Si alguna vez fui un ave de paso,
lam   **Mi**
lo olvidé para anidar en tus brazos.
lam

Si alguna vez fui bello y fui bueno,
rem   **Sol**
fue enredado en tu cuello y tus senos.
Mi   **lam**
Si alguna vez fui sabio en amores,
lam   **rem**
lo aprendí de tus labios cantores.
Sol   **Do**

Si alguna vez amé,
si algún día
rem
después de amar, amé,
lam
fue por tu amor, Lucía... Lucía.
Mi
Tus recuerdos son
lam
cada día más dulces.
rem

El olvido sólo
Do
se llevó la mitad,
Sol
y tu sombra aún
lam
se acuesta en mi cama
rem
con la oscuridad,
Do
entre mi almohada
Sol
y mi soledad.
lam

Luna de España

Moraleda – Llovet – Lara

La luna es una mujer
     lam
y por eso el sol de España
       rem
anda que bebe los vientos
Mi7   **lam**
por si la luna le engaña.
Fa   **Mi7**

¡Ay! le engaña porque,
porque en cada anochecer,
      lam
después de que el sol se apaga,
       rem
sale la luna a la calle
Mi7   **lam**
con andares de gitana.
Fa **Mi7 lam** **Sol7**

Cuando la luna sale, sale de noche,
    Do   **Do7**   **Fa**
un amante le aguarda en cada reja,
        Do
luna, luna de España cascabelera,
  lam   **Sol7**
luna de ojos azules, cara morena.
    Do Fa Sol

Y se oye a cada paso la voz de un hombre,
   Do   **Do7**   **Fa**
que a la luna que sale le da su queja,
       Do
luna, luna de España cascabelera,
  lam   **Sol7**
luna de ojos azules, cara morena.
   Do Mi7   **fam**

Luna de España, mujer.
fam   **Do**

Luna de Xelajú

Popular

Luna, gardenia de plata
lam
que en mi serenata se vuelve canción,
rem
tú que me viste cantando,
Mi7
me ves hoy llorando mi desolación.
lam

Calles bañadas de luna
que fueron la luna de mi juventud,
La7   **rem**
vengo a cantarle a mi amada,
lam
la luna plateada de mi Xelajú.
Mi7   **lam**

rem   lam   Mi7   La

Luna de Xelajú,
sim   Mi7
que supiste alumbrar
sim   Mi7
en mis noches de pena
sim
por una morena de dulce mirar.
Mi7

Luna de Xelajú,
sim   Mi7
me diste inspiración,
sim   Mi7
la canción que te canto
sim
regada con llanto de mi corazón.
Mi7   **La**   **Mi7**

En mi vida no habrá
La
más cariño que tú
porque no eres ingrata
La7
mi luna de plata, luna de Xelajú.
Re Fa#7   sim

Luna que me alumbró
Fa
en mis noches de amor
La   Sol   Fa#7
y hoy consuelas la pena
sim
por una morena que me abandonó.
Mi7   **La**

78

Luna rossa

V. de Crescenzo – A. Vian

Cuando mi corazón se ponga triste
rem   **La7**   **rem**
nunca me olvidaré de tu promesa,
               La7   **rem**
juntos nos hallará. tú me dijiste,
solm   **Re7**   **solm**
siempre en la noche azul la luna rossa.
                 Re7   **solm**

Ella nos servirá de mensajera.
rem   **La7**   **Re**
La luna rossa nos unirá
        Re
con el mensaje de nuestro amor,
               La7
si le preguntas responderá
                 Mi♭
que sólo a ti te quiero yo.
La7   **Re**

La luna rossa te contará
cómo te espera mi corazón,
                 La7
cómo deseo que vuelvas ya
     La7   **Mi♭**
porque sin ti no vivo yo.
          Re

Fiel amiga de los enamorados,
     rem **Re7**   **solm**
en mi triste soledad
     solm
comprende bien
       Mi7
que me muero de ansiedad.
               La7

La luna rossa nos unirá
        Re
con el mensaje de nuestro amor,
hoy cuando salga me contará
                 Mi♭
si sigues fiel igual que yo.
La7   **Re**

Luna rossa, protege nuestro amor.
La   **rem** **Sol**   **La7**   **rem**

Madrecita

O. Farrés

Madrecita del alma querida,
Do   **Sol7**   **Do**
en mi pecho yo llevo una flor,
Fa   **Sol7**   **Do**
no te importe el color que ella tenga,
Fa   **Sol7**   **Do** **lam**
porque al fin tú eres, madre, una flor.
rem   **Fa**   **Sol7**

Tu cariño es mi bien, madrecita,
Do   **Sol7**   **Do**
en mi vida tú has sido y serás
Fa   **Sol7**   **Do**
el refugio de todas mis penas
Fa **Sol7**   **Do** **lam**
y la dicha de amor y verdad.
rem   **Sol7**   **Do**

Aunque amores yo tenga en la vida
rem   **Sol7**   **Do**
que me llenen de felicidad,
rem   **Sol7** **Do** **Do7**
como el tuyo jamás, madrecita,
Fa **Sol7**   **Do** **La7**
como el tuyo no habré de encontrar.
rem   **Sol7**   **Do**

80

Madrid

A. Lara

Cuando llegues a Madrid, chulona mía,
   Do   **do#m**   **Sol7**
voy a hacerte emperatriz de Lavapiés,
   rem   **Sol7**   **Do**
y adornarte con claveles la Gran Vía,
        lam7   **mim**
y a bañarte con vinillo de Jerez.
   Si7   **mim Sol7**

En Chicote un agasajo postinero,
   Do   **do#m**   **Sol7**
con la crema de la intelectualidad,
   rem   **Sol7**   **Do**
y la gracia de un piropo retrechero,
  Do7   **Fa**
más castizo que la calle de Alcalá.
 Sol7 **Fa**   **Do Sol7 Do**

Madrid, Madrid, Madrid,
    Fa
pedazo de la España en que nací,
    Lab   **solm**
por algo te hizo Dios,
   Do7
la cuna del requiebro y del chotis.
      Fa

Madrid, Madrid, Madrid,
en México se piensa mucho en ti,
  Re7   **solm**
por el sabor que tienen tus verbenas,
       Fa
por tantas cosas buenas que soñamos desde aquí,
  Re7   **solm7**   **Do7**   **Fa Fa7**
y vas a ver lo que es canela fina,
   Sib   **Fa**
y armar la tremolina cuando llegues a Madrid.
  Re7   **solm7**   **Do7**   **Fa** **Do7 Fa**

Madrigal

D. Rivera

Estando contigo me olvido de todo y de mí,
mim   Si7   mim

parece que todo lo tengo teniéndote a ti,
Mi7 lam

y no siento este mal que me agobia y que llevo conmigo
mim   Mi7

arruinando esta vida que tengo y no puedo vivir.
lam   Fa♯7   Do   Si7

Eres luz que ilumina la noche en mi largo camino
mim   Mi7   lam

y es por eso que frente al destino no quiero vivir.
mim   Fa♯7   Si7   mim   Si7

Una rosa en tu pelo parece una estrella en el cielo,
Mi   La   Si7   Mi

y en el viento parece un acento tu voz musical,
Do♯7

y parece un destello de luz la medalla en tu cuello
fa♯m Si7

al menor movimiento de tu cuerpo al andar.
Mi   Si7

Yo a tu lado no siento las horas que van con el tiempo
Mi   La   Si7   Mi

ni me acuerdo que llevo en mi pecho una herida mortal,
Mi7   La Mi7 La

yo contigo no siento el sonar de la lluvia y el viento
lam   Mi

porque llevo tu amor en mi pecho como un madrigal.
Do7   Fa♯   Si7   mim

(bis desde «Yo a tu lado no siento las horas...»)

María Isabel

Los Diablos

La playa estaba desierta,
La   **Mi**
el mar bañaba tu piel,
                    La
cantando con mi guitarra
                          Re
para ti, María Isabel.
Mi   **La**

ESTRIBILLO
Coge tu sombrero y póntelo,
                            Mi
vamos a la playa,
              Re
calienta el sol. (2)
Mi   **La**
Chiribiribí, porompompom,
                            Re
Chiribiribí, porompompom. (2)
Mi   **La**

En la arena escribí tu nombre
La   **Mi**
y luego yo lo borré,
                    La
para que nadie pisara
                      Re
tu nombre, María Isabel.
Mi   **La**

ESTRIBILLO
Coge tu sombrero y póntelo...

La luna fue cambiando
La   **Mi**
junto a las olas del mar,
                        La
tenía celos de tus ojos
                        Re
y de tu forma de mirar,
Mi   **La**

ESTRIBILLO
Coge tu sombrero y póntelo...

El martillo

Popular

Si yo tuviera una campana,
Do
la tocaría en la mañana,
lam
la tocaría en la noche
Do
por todo el país.
Sol

ESTRIBILLO
¡Alerta, peligro!,
Do
debemos unirnos
lam
para defender la paz.
Fa Sol Do

Si yo tuviera un martillo,
Do
lo golpearía en la mañana,
lam
lo golpearía en la noche
Do
por todo el país.
Sol

ESTRIBILLO
¡Alerta, peligro!...

Si yo tuviera una canción,
Do
la cantaría en la mañana,
lam
la cantaría en la noche
Do
por todo el país.
Sol

ESTRIBILLO
¡Alerta, peligro!...

Ahora tengo una campana,
Do
ahora tengo un martillo,
lam
ahora tengo una canción para cantar:
Do   Sol
martillo de justicia,
Do
campanas de libertad
lam
y una canción de paz.
Fa Sol Do

84

Me va a extrañar

R. Montaner – V. Tasello

Cada mañana el sol nos dio en la cara
Do   Fa Do
     [al despertar,
     Sol Do7
cada palabra que le pronuncié la hacía
Fa   mim La7
      [soñar,
no era raro verla en el jardín corriendo
rem   Sol7
      [tras de mí
      mim
y yo dejándome alcanzar sin duda era
Fa   Sol7 Do Sol7
      [feliz.

Era una buena idea cada cosa
Do   Fa Sol7 Do
     [sugerida,
     Sol Do7
ver la novela en la televisión, contarnos
Fa   mim La7
      [todo,
jugar eternamente el juego limpio de
rem   Sol7 mim
     [la seducción
     La7
y las peleas terminarlas siempre en el
Fa   Re7 Sol7
     [sillón.

ESTRIBILLO
Me va extrañar al despertar
    Do
en sus paseos por el jardín
   Fa
cuando la tarde llegue a su fin,
   Sol7

me va a extrañar al suspirar
    Do
porque el suspiro será por mí,
    Fa
porque el vacío la hará sufrir,
   Sol7
me va a extrañar y sentirá
    Do
que no habrá vida después de mí,
    Fa
que no se puede vivir así,
   fam
me va a extrañar
   Do
cuando tenga ganas de dormir y
   rem Sol Do
     [acariciar.

Al mediodía era una aventura en la
Do   Fa Do solm
     [cocina,
     Do7
se divertía con mis ocurrencias y reía,
Fa   mim La7
cada caricia le avivaba el fuego a
rem   Sol7
     [nuestra chimenea,
     mim La7
era sencillo pasar el invierno en
Fa   Re7
     [compañía.
     Sol

ESTRIBILLO
Me va extrañar al despertar...

México lindo y querido

«Chucho» Monje

Voz de la guitarra mía,
Do   **Sol7**   **Do**
al despertar la mañana,
        Sol7
quiere cantar su alegría
a mi tierra mexicana.
      Do

Yo le canto a sus volcanes,
    Sol7   **Do**
a sus praderas y flores,
que son como talismanes
del amor de mis amores.

ESTRIBILLO
México lindo y querido,
Do **Fa**   **Sol7**
si muero lejos de ti
      Do
que digan que estoy dormido
        Sol7
y que me traigan aquí.
   Do

Que digan que estoy dormido
Do   **Fa**   **Sol7**
y que me traigan aquí,
       Do
México lindo y querido,
Fa   **Do**
si muero lejos de ti.
Sol7 **Do**

Que me entierren en la Sierra
     Sol7   **Do**
al pie de los magueyales
y que me cubra esta tierra
que es cuna de hombres cabales.

Voz de la guitarra mía,
  Sol7   **Do**
al despertar la mañana,
quiere cantar su alegría
a mi tierra mexicana.

ESTRIBILLO
México lindo y querido...

Mi buen amor

G. Estefan

Hay amores que se esfuman con los
Re   Fa♯7

              [años,
              sim
hay amores que su llama sigue viva,
Si7   Do   mim
los inciertos que son rosa y son espina,
        Fa♯   sim
y hay amores de los buenos como tú.
       Mi   La7

Hay amores que se siembran y
Re   Fa♯7

            [florecen,
          sim
hay amores que terminan en sequía,
Si7   Do   mim
los que traen desengaños en la vida,
        Fa♯   sim
y hay amores de los buenos como tú.
      Mi   La7

Mi amor, mi buen amor, mi delirio,
Fa♯   Fa♯7   sim
no pretendas que te olvide así no más,
Mi   Mi7   La
que tu amor fue mar cuando sedienta
Re   Fa♯   sim
me arrimé a tu puerto a descansar,
Do   Re7   Sol solm

que tu amor, amor sólo el que un día,
                Re
en tu pecho, vida mía, me dio la
Si7   mim La
          [felicidad.
          Re

Hay amores que nos llevan al abismo,
Re   Fa♯7   sim
hay amores que jamás se nos olvidan,
Si7   Do   mim
los que dan toda ternura y fantasía,
        Fa♯   sim
son amores de los buenos como tú.
     Mi   La7

Mi amor, mi buen amor, mi delirio,
Fa♯   Fa♯7   sim
no pretendas que sea poco mi penar,
Mi   Mi7   La
que tu amor fue luz de pleno día
Re   Fa♯   sim
cuando todo era oscuridad,
Do   Re7 Sol solm
que tu amor, amor sólo el que un día,
             Re
en tu pecho, vida mía, me dio la
       Si7 mim
         [felicidad.
        La

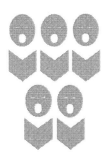

Mi burrito cordobés

G. López

ESTRIBILLO
Por un caminito' i pie - e - e - dra
　La　　　　　Re　　　La
el burrito cordobés.
　Mi7　　　　La

La siesta parece da - a - ar - le
　La　　　　Re　　　La
una paz que huele a miel.
　Mi7　　　　　La

El arroyo canta,
　Re
canta a media voz,
　　Mi7
la tarde se ha dormido junto al sol.
　Re　　　　　Si7　　　　Mi7

ESTRIBILLO
Por un caminito'i piedra...

Tranquilo al trotecito,
　La　　Mi7
tranquilo en el andar,
　　　　La
total no tiene apuro,
　Mi7

apuro por llegar,
　　　La
uy, uy, uy, no lo apurés,
　　Re　　　　La
uy, uy, uy, no lo silbés,
　　Re　　　　La
total no tiene apuro,
　Si7　Mi7
mi burrito cordobés.
　Re　La Mi7　　La

Por detrás de una lomita
　La　　Re　　　La
el lucero se acercó,
　Mi7　　　La
y el viento le hace caricias
　La　　　Re　　La
al silencio de la flor.
　Mi7　　　　La
El burrito es sombra,
　Re
sombra y arrebol,
　Mi7
lo acompaña un changuito silbador.
　Re　　　　Si7　　　La

ESTRIBILLO
Por un caminito'i piedra...

Mi viejo San Juan

Popular

En mi viejo San Juan cuántos sueños
   Mi   **fa♯m**   **sol♯m**
                      [forjé
en mis noches de infancia.
   Do♯7   **fa♯m**
Mi primera ilusión y mis cuitas de
                  Si7
                 [amor
son recuerdos del alma.
     Mi

Una tarde partí hacia extraña nación,
pues lo quiso el destino.
  Mi7   **La**   **lam**
Pero mi corazón se quedó junto al mar
     Mi   **Do♯7**   **fa♯m**
   en mi viejo San Juan.
Si7 **Mi**

ESTRIBILLO
Adiós (adiós, adiós), Borinquen
  fa♯m   **Si7**
   [querido (tierra de mi amor),
  Mi
Adiós (adiós, adiós), mi diosa del mar
    fa♯m   **Si7**
   [(la reina del palmar).
  Mi
Me voy (ya me voy), pero un día
     Mi7   **La**
      [volveré,
      lam
a buscar mi querer, a soñar otra vez,
   Mi   **Do♯7**   **fa♯m**
   en mi viejo San Juan.
Si7 **Mi**

Pero el tiempo pasó y el destino burló
    Mi   **fa♯m**   **sol♯m**
mi terrible nostalgia.
  Do♯7   **fa♯m**
Y no pude volver al San Juan que yo
               Si7
           [amé,
pedacito de patria.
   Mi

Mi cabello blanqueó, ya mi vida se va,
ya la muerte me llama,
  Mi7   **La** **lam**
y no quiero morir alejado de ti,
   Mi **Do♯7**   **fa♯m**
   Puerto Rico del alma.
Si7 **Mi**

ESTRIBILLO
Adiós (adiós, adiós), Borinquen
querido (tierra de mi amor)...

Mira que eres linda

J. Brito

Mira que ere**s** **l**inda,
      Mi7
qué precios**a** **e**res.
      lam
Verdad que en **mi** vida
      Sol
no **he** visto **mu**ñeca **más** lin**da** qu**e** **t**ú.
 Fa   **mim**   **rem**   **Mi** **lam**

Con esos **oja**zos,
      Mi7
que parecen **sol**es
      lam
con esa mira**da** **sie**mpre ena**mo**rada
     Fa lam   **mi♭m**
con que mir**as** tú.
 Mi7

Mira que ere**s** **l**inda,
      Mi7
qué precios**a** **e**res,
      lam
estando a tu la**do** verd**ad** que
      Sol   **Fa**
me si**en**to más c**e**rca de **Dio**s.
 mim   **rem**   **Mi7**

Porque eres **divi**na,
     rem Mi7
tan linda y prim**oro**sa,
      lam
que solo un**a** rosa **ca**ída de**l** **c**ielo
    rem   **Fa7** **Mi7**
fu**e**ra co**mo** tú.
 lam **rem**   **lam**

La morena de mi copla

Jofre – Castellanos

Julio Romero de Torres
Mi
pintó a la mujer morena,
     Fa   **Mi**
con los ojos de misterio
y el alma llena de pena.
    Sol   **Fa**   **Mi**

Puso en sus manos de bronce
Sol7   **Do**
la guitarra cantaora,
           Mi
y en su bordón un suspiro,
Fa   **Mi**
y en su alma una dolora.
Fa   **Mi**   rem Fa Si7 rem Mi Fa Mi

Morena, la de los rojos claveles,
   La   **sim**   **Mi7**
la de la reja florida,
         La
la reina de las mujeres.
     sim **Mi7**
Morena, la del bordado mantón,
  sim Mi7   **La**
la de la alegre guitarra,
      La7   **Re**   rem
la del clavel español.
La   **Mi7**   **La** **Mi7 La**

Como escapada de un cuadro,
Mi
y en el sentir de la copla,
  Fa   **Mi**
toda España la venera,
y toda España la adora.
    Sol   **Fa**   **Mi**

Trenza con su taconeo
Sol7   **Do**
la seguidilla gitana,
         Mi
con sus cantares morunos,
Fa   **Mi**
en la venta gaditana.
Fa

Muñequita linda

M. Grever

Te quier<u>o,</u> dijiste
    Mi
to<u>ma</u>ndo mis <u>man</u>os e<u>ntre</u> tus m<u>an</u>itas <u>de</u> blanco <u>marfil,</u>
 do♯m   **sol♯m**   **do♯m**   **sol♯m** **Do♯7**   **fa♯m**   **Sol♯**
y sentí en mi <u>pecho</u> un fuer<u>te</u> lat<u>ido,</u>
       do♯m Fa♯   **Si**   **Sol♯**
después un suspiro, <u>y</u> luego el cha<u>sq</u>uido de un b<u>eso</u> febril.
        do♯m   **Fa♯**   **Si7**

Muñequita <u>lin</u>da,
      Mi
de cabellos de oro,
de die<u>nt</u>es de perla,
Do♯7   **fa♯m**   **Si7**
labios de <u>rubí.</u>
    Mi

Dime si me qui<u>er</u>es,
      Mi
como yo te adoro,
si de m<u>í</u> te acuerdas,
Do♯7   **fa♯m**   **Si7**
como yo de <u>ti.</u>
    Mi

Y a veces se es<u>cu</u>cha,
        La
un <u>eco</u> div<u>ino,</u>
  sim   **Mi**
que <u>en</u>vuelto en <u>la</u> brisa
    Do♯7   **fa♯m**
parece <u>decir:</u>
    Si7

«Sí, te quiero <u>mu</u>cho,
      Mi
mucho, mucho, mucho,
tanto com<u>o</u> entonces,
Do♯7   **fa♯m**   **Si7**
siempre hasta mo<u>rir</u>».
    Mi

Siempre hasta moriiiiiir...
      La   **lam Mi**

Navidad

Popular

Mientras haya en la tierra
Mi
un niño feliz,
   Si7   **Mi**
mientras haya una hoguera
para compartir,
La   **Si7**
mientras haya unas manos
      Mi
que trabajen en paz,
  La   **Mi**
mientras brille una estrella,
habrá Navidad.
Si7   **Mi**

ESTRIBILLO
Navidad, Navidad,
      Si7
en la nieve y la arena.
 Mi   **Si7**
Navidad, Navidad,
 Mi   **Si7**
en la tierra y el mar. (2)
 Mi   **Si7 Mi**

Mientras haya unos labios
que hablen de amor,
  Si7   **mim**
mientras haya unas manos

cuidando una flor,
La   **Si7**
mientras haya un futuro
    Mi
hacia dónde mirar,
  La   **Mi**
mientras haya perfume,
habrá Navidad.
Si7   **Mi**

ESTRIBILLO
Navidad, Navidad... (2)

Mientras haya un vecino
dispuesto a olvidar,
   Si7 **Mi**
mientras haya un camino,
a quien levantar,
La   **Si7**
mientras pare la guerra
   Mi
y se duerma un cañón,
  La   **Mi**
mientras cure un herido,
habrá Navidad.
Si7   **Mi**

ESTRIBILLO
Navidad, Navidad... (2)

Noche de ronda

A. Lara

Noche de <u>ron</u>da, qué triste <u>pa</u>sas,
      rem   **solm**   **rem**
<u>qué</u> triste <u>cru</u>zas por mi balc<u>ón</u>.
solm   **rem**   **La7**
Noche de <u>ron</u>da, cómo me hieres,
      solm
cómo me lastimas mi <u>co</u>razón.
         La7

Luna que se <u>qui</u>ebra
       Re
sobre la tiniebla de mi soledad,
¿a dónde <u>vas</u>?
    La7
Dime si esta noche tú te vas de ronda
como ella se fue,
¿con quién es<u>tá</u>?
      Re
Dile que la quiero,
dile que me muero de tanto esperar,
que vuelva <u>ya</u>,
    Sol
que las <u>ron</u>das no son b<u>ue</u>nas,
    solm   **rem**
que hacen <u>da</u>ño,
    La7
que dan <u>pe</u>nas,
    rem
que se a<u>ca</u>ba <u>por</u> llo<u>rar</u>.
    solm   **La7**   **Re**

Ojos españoles

Popular

Son co<u>mo</u> el sol,
Sol
como el azul del cielo y como el <u>mar</u>,
                      Re7

<u>son</u> del <u>color</u>
lam **Re7**   **lam**   **Re7**
de<u>l</u> clavel que emp<u>ieza</u> a despe<u>rtar</u>,
    lam   **Re7**   **Sol**
son algo más
que las estrellas <u>al</u> anoche<u>cer</u>,
              Sol7   **Do**

<u>olé</u> y <u>olé</u>,
dom **Sol** **Mi7**
los <u>ojos</u> de la espa<u>ñola</u> que yo <u>amé</u>.
    lam   **Re7**   **Sol**

Yo fui feliz
mirando aquellos ojos de mi <u>amor</u>,
                    Re7

yo nunca <u>vi</u>
lam   **Re7**
ni <u>en</u> el arco <u>iris</u> su co<u>lor</u>,
  lam   **Re7**   **Sol**
son algo más
que las estrellas <u>al</u> anoche<u>cer</u>,
           Sol7   **Do**
<u>olé</u> y <u>olé</u>,
dom **Sol** **Mi7**
los <u>ojos</u> de la espa<u>ñola</u> que yo <u>amé</u>.
    lam   **Re7**   **Sol**

<u>Ojos</u> de amor que <u>nun</u>ca olvid<u>aré</u>.
  lam   **Re7**   **dom** **Sol**

Los peces en el río

Popular

La Virgen se está peinando
lam   **Mi**
entre cortina y cortina;
      lam
los cabellos son de oro
      Mi
y el peine de plata fina.
      lam

ESTRIBILLO
Pero mira cómo beben
los peces en el río,
      Mi
pero mira cómo beben
por ver a Dios nacido.
      lam
Beben y beben
y vuelven a beber,
      Mi
los peces en el río
por ver a Dios nacer.
      lam

La Virgen está lavando
lam   **Mi**
y tendiendo en el romero,
      lam
los angelitos cantando
      Mi
y el romero floreciendo.
      lam

ESTRIBILLO
Pero mira cómo beben...

La Virgen está lavando
lam   **Mi**
con muy poquito jabón,
      lam
se le picaron las manos,
      Mi
manos de mi corazón.
      lam

ESTRIBILLO
Pero mira cómo beben...

La Virgen va caminando,
lam   **Mi**
va caminando solita
      lam
y no lleva más compañía
      Mi
que el niño de la manita.
      lam

ESTRIBILLO
Pero mira cómo beben...

Paloma negra

T. Méndez

Ya me canso de llorar y no amanece,
     La   **Mi7**   **La**
ya no sé si maldecirte o por ti rezar,
Mi7
tengo miedo de buscarte y de encontrarte
donde me aseguran mis amigos que te vas.
           La

Hay momentos en que quisiera mejor rajarme
    La   **Mi7**   **La**
pa' arrancarme ya los clavos de mi penar,
         La7   **Re**
pero mis ojos se mueren sin mirar tus ojos
     Mi7   **La**
y mi cariño con la aurora te vuelve a esperar.
   Mi7   **La**

Ya agarraste por tu cuenta las parrandas,
   La
paloma negra, paloma negra, dónde, dónde estarás,
                    Mi7
ya no juegues con mi honra, parrandera,
si tus caricias deben ser mías, de nadie más.
              La

Y aunque te amo con locura, ya no vuelvas,
    La   **Mi7**   **La**
paloma negra eres la reja de un penal,
      Mi7   **Re**
quiero ser libre,
vivir mi vida con quien me quiera.
  Mi7   **La**

Dios, dame fuerzas,
   Mi7
que estoy muriendo por irla a buscar,
              La
ya agarraste por tu cuenta las parrandas.

Perdón

P. Flores

Perdón, v<u>id</u>a de mi v<u>id</u>a,
  mim   Fa#7   Si7   mim
perd<u>ón</u> si es que te he fa<u>lla</u>do,
  Mi7   lam
perd<u>ón</u>, cariñito a<u>ma</u>do,
   Si7   mim
ángel ador<u>ado</u>, <u>da</u>me tu perdón.
     Fa#7 Si7   mim

Jamás ha<u>brá</u> quien se<u>pa</u>re,
        Fa#7   Si7   mim
am<u>or</u>, de tu amor el <u>mí</u>o
  Mi7   lam
por<u>que</u> si adorarte an<u>sí</u>o,
  Si7   mim
es que el a<u>mor</u> mío <u>pi</u>de tu perdón.
   Fa#7   Si7   mim

ESTRIBILLO
Si<u> </u>tú sabes que te quiero con todo el cora<u>zón</u>
 Si7   mim
(si tú sabes que te quiero),
con todo el corazón, con todo el coraz<u>ón</u>,
                       Si7
que tú eres el anhelo de mi única ilu<u>sió</u>n
                    mim
(que tú eres mi esperanza),
de mi única ilusión, de mi única ilu<u>sió</u>n,
         Mi7

Ven, calma mis angustias con un poco de a<u>mor</u>
                          lam
(que es la dicha que se alcanza),
con un poco de amor,
que es todo lo que an<u>sía</u>, que es todo lo que an<u>sía</u>
             mim   Si7
(cuando ama, cuando ama),
mi pobre cora<u>zón</u>.
    mim

ESTRIBILLO
Si tu sabes que te quiero con todo el corazón...

Perfidia

A. Domínguez

Nadie comprende lo que sufro yo
dom   **fam**
tanto, pues ya no puedo sollozar;
Sol   **dom**
solo, temblando de ansiedad estoy,
Do   **fam**
todos me miran y se van.
Sol   **Sol7**

Do lam rem Sol7

ESTRIBILLO
Mujer,
     Do lam rem
si puedes tú con Dios hablar,
  Sol7   **Do lam**   **rem**
pregúntale si yo alguna vez
  sol7   **Do**   **lam**
te he dejado de adorar.
       rem Sol7 Mi Fa Mi

Y al mar,
     Do lam rem
espejo de mi corazón,
Sol7   **Do lam rem**

las veces que me ha visto llorar
Sol7   **Do**   **lam**
la perfidia de tu amor.
rem   **Mi Fa Mi**

Te he buscado por doquiera que yo voy,
   Fa
y no te puedo hallar.
     Mi
¿Para qué quiero otros besos
   Sol
si tus labios no me quieren ya besar?
Fa   **Mi**
       [Fa Mi

Y tú,
Sol7 Do lam rem
quién sabe por dónde andarás,
Sol7   **Do**   **lam**
quién sabe qué aventuras tendrás,
Sol7   **Do**   **lam**
qué lejos estás de mí.
rem   **Sol7 Do**

ESTRIBILLO
Mujer...

El pobre Miguel

Popular

Cuando voy caminando por la plaza
La   **Mi7**
me preguntan si he visto a Miguel
  sim   **Mi7**   **La**
         [Canales. (2)
Él dice que es feliz en la montaña,
          Fa♯7   **sim**
que hace mucho tiempo que no sale. (2)
    Mi7   **La**

ESTRIBILLO
¡Ay! Qué le estará pasando al pobre
         sim
         [Miguel
que hace mucho tiempo que no sale.
    Mi7   **La**
Qué le estará pasando al pobre Miguel
   Fa♯7   **sim**
que hace mucho tiempo que no sale.
    Mi7   **La**
La, lara lai la, la, lara lai la. (2)
La   **Mi7**   **sim** **Mi7 La**

Me dicen, me dicen que Miguelito,
         Mi7
entre nosotros se encuentra muy
  sim   **Mi7**
         [extraño. (2)
        La
Él dice que es feliz en la montaña,
        Fa♯7   **sim**
que se está convirtiendo en ermitaño. (2)
  Mi7   **La**

ESTRIBILLO
¡Ay! Qué le estará pasando al pobre
        [Miguel... (2)

Me dicen, me dicen que Miguelito,
         Mi7
en la montaña se encuentra muy
  sim   **Mi7**
         [feliz. (2)
        La
Él dice que es feliz en la montaña,
       Fa♯7   **sim**
que de allí ya no quiere más salir. (2)
  Mi7   **La**

ESTRIBILLO
¡Ay! Qué le estará pasando al pobre
        [Miguel... (2)

Me dicen, me dicen que Miguelito,
         Mi7
de la montaña no quiere más salir. (2)
  sim   **Mi7**   **La**
Él dice que se hace su cafelito,
        Fa♯7   **sim**
y allí se toma él hasta su vinito. (2)
  Mi7   **La**

ESTRIBILLO
¡Ay! Qué le estará pasando al pobre
        [Miguel... (2)

Porompompero

M. Escobar

ESTRIBILLO
Poropopo,
lam
poropo, porompompero, pero,
Sol
poropo, porompompero, pero,
Fa
poropo, porompompo. (2)
Mi

El trigo, entre toas las flores,
lam
ha escogido a la amapola,
Mi
y yo escojo a mi Dolores,
Dolores, Lolita, Lola.
lam

ESTRIBILLO
Poropopo... (2)

Y yo, y yo, escojo a mi Dolores,
Sol
que es la, que es la flor más perfumada,
Fa
Dolo, Dolores, Lolita, Lola.
Mi

ESTRIBILLO
Poropopo... (2)

El cateto de tu hermano,
lam
que no me venga con leyes,
Mi
que, payo, yo soy gitano,
que tengo sangre de reyes,
lam
que pa, que, payo, yo soy gitano,
que te, que tengo sangre de reyes
en la palma de la mano.

La puerta

L. Demetrio

ESTRIBILLO
La puerta se cerró detrás de ti
Fa   **solm**   **Do7**
y nunca más volviste a aparecer,
     lam   **Re7**
dejaste abandonada la ilusión
       solm
que había en mi corazón por ti.
    Do7   **Fa**

La puerta se cerró detrás de ti
     solm   **Do7**
y así detrás de ti se fue mi amor
     lam   **Re7**
creyendo que podría convencer
        solm
a tu alma de mi padecer.
   Do7   **Fa**

Pero es que no supiste soportar
        dom
las penas que nos dio
      Fa
la misma adversidad,
  Si♭   **si♭m**
así como también
nos dio felicidad,
    solm
nos vino a castigar con el dolor.
  Do7   **solm**   **Do7**

ESTRIBILLO
La puerta se cerró detrás de ti...

Pero es que no supiste soportar
        dom
las penas que nos dio
      Fa
la misma adversidad,
  Si♭   **si♭m**
así como también
nos dio felicidad,
    solm
nos vino a castigar con el dolor.
  Do7   **solm**   **Do7**

ESTRIBILLO
La puerta se cerró detrás de ti...

Que canten los niños

J. L. Perales

ESTRIBILLO 1

Que canten los niños,
Do

que alcen la voz,
Fa

que hagan al mundo escuchar.
Sol   **Do**

Que unan sus voces
lam

y lleguen al sol,
Fa

en ellos está la verdad.
rem   **Sol**

ESTRIBILLO 2

Que canten los niños,
Do

que viven en paz,
Fa

y aquellos que sufren dolor.
Sol   **Do**

Que canten por esos
lam

que no cantarán
Fa

porque han apagado su voz.
rem   **Sol**

Yo canto para que me dejen vivir.
Do   **lam**

Yo canto para que sonría mamá.
Do   **lam**

Yo canto para que sea el cielo azul
Sol   **Do**

y yo para que no me ensucien el mar.
Fa   **Sol**

Yo canto para los que no tienen pan.
Do   **lam**

Yo canto para que respeten la flor.
Do   **lam**

Yo canto porque el mundo sea feliz.
Sol   **Do**

Yo canto para no escuchar el cañón.
Fa   **Sol**

ESTRIBILLO 1

Que canten los niños...

ESTRIBILLO 2

Que canten los niños...

Yo canto porque sea verde el jardín
Do   **lam**

y yo para que no me apaguen el sol.
Do   **lam**

Yo canto por el que no sabe escribir
Sol   **Do**

y yo por el que escribe versos de amor.
Fa   **Sol**

ESTRIBILLO 1

Que canten los niños...

ESTRIBILLO 2

Que canten los niños...

Yo canto para que se escuche mi voz
Do   **lam**

y yo para ver si les hago pensar.
Do   **lam**

Yo canto porque quiero un mundo feliz
Sol   **Do**

y yo por si alguien me quiere escuchar.
Fa   **Sol**

ESTRIBILLO 1

Que canten los niños...

ESTRIBILLO 2

Que canten los niños...

Que nadie sepa mi sufrir

A. Cabral – E. Dizeo

No te asombres si te digo lo que fuiste,
lam   **La7**   **rem**
una ingrata con mi pobre corazón,
Sol7   **Do**
porque el fuego de tus lindos ojos
Mi7

         [negros
         lam
ha alumbrado el camino de otro amor.
Fa **Si7**   **Mi7**

ESTRIBILLO
Y pensar que te adoraba tiernamente,
lam   **La7**   **rem**
que a tu lado como nunca me sentí
Sol7   **Do**
y por esas cosas raras de la vida
Mi7   **Do**
sin el beso de tu boca yo me vi.
Fa   **Mi7**   **lam**

Amor de mis amores,
    Sol
reina mía, qué me hiciste,
Sol7   **Do**
que no puedo consolarme
    Sol7
sin poderte contemplar.
    Do

Ya que pagaste mal
    Mi7
a mi cariño tan sincero,
    lam
lo que conseguirá
    Fa
que no te nombre nunca más.
 Si7   **Mi7**

Amor de mis amores,
    Sol
si dejaste de quererme
 Sol7   **Do**
no hay cuidado, que la gente
     Sol7
de eso no se enterará.
    Do

Qué gano con decir
    Sol
que una mujer cambió mi suerte,
 Sol7   **Do**
se burlarán de mí,
   Sol7
que nadie sepa mi sufrir.
    Do

ESTRIBILLO
Y pensar que te adoraba tiernamente...

Santa Bárbara

Popular

Santa Bárbara <u>ben</u>dita,
lam
trai lar<u>a </u>la ra, tra<u>i </u>la ra. (2)
Mi7   **lam**

Patrona de los min<u>ero</u>s,
    Sol
mira, mira maru<u>xi</u>na, mira,
    Fa
mira cómo ve<u>ng</u>o yo.
    Mi7
Patrona <u>de</u> los m<u>i</u>neros,
Do   **Sol**
mira, mira maru<u>xi</u>na, mira,
    Fa
mira c<u>óm</u>o vengo yo.
    Mi7   **lam**

Traigo la cabeza rota,
trai lar<u>a </u>la ra, tra<u>i </u>la ra.
    Mi7   **lam**

Que me la rompió un cos<u>te</u>ro,
    Sol
mira, mira maru<u>xi</u>na, mira,
    Fa
mira cómo ve<u>ng</u>o yo.
    Mi7
Que me <u>la</u> rompió un cos<u>te</u>ro,
Do   **Sol**
mira, mira maru<u>xi</u>na, mira,
    Fa
mira c<u>óm</u>o vengo yo.
    Mi7   **lam**

Traigo la camisa roja,
trai lar<u>a l</u>a ra, tra<u>i </u>la ra. (2)
Mi7   **lam**

De sangre de un compa<u>ñe</u>ro,
    Sol
mira, mira maru<u>xi</u>na, mira,
    Fa
mira cómo ve<u>ng</u>o yo.
    Mi7
De sangre <u>de</u> un compañero,
Do   **Sol**
mira, mira maru<u>xi</u>na, mira,
    Fa
mira c<u>óm</u>o vengo yo.
    Mi7   **lam**

En el pozo María Luisa,
tra<u>i </u>lara la ra, tra<u>i </u>la ra. (2)
Mi7   **lam**

Murieron cuatro min<u>ero</u>s,
    Sol
mira, mira maru<u>xi</u>na, mira,
    Fa
mira cómo ve<u>ng</u>o yo.
    Mi7
Muriero<u>n c</u>uatro min<u>ero</u>s,
Do   **Sol**
mira, mira maru<u>xi</u>na, mira,
    Fa
mira c<u>óm</u>o ve<u>ng</u>o yo.
    Mi7   **lam**

Si vas a Calatayud

S. Valverde – R. Zarzoso

Porque era amiga de hacer favores,
    La   **Mi7**
porque fue alegre en su juventud,
           La
en coplas se vio la Dolores,
  lam   **Mi7**
la flor de Calatayud.
    lam

Y una coplilla recorrió España,
  Sol7   **Do**
pregón de infamia de una mujer.
      Fa   **Mi**
Pero el buen nombre de aquella maña,
      Mi7   **lam**
yo tengo que defender.
rem **Fa**   **Mi**

RECITADO
La Dolores de la copla,
me dijo un día mi padre,
fue alegre, pero fue buena,
fue mi mujer, fue tu madre.

Si vas a Calatayud,
    Mi7   **La**
si vas a Calatayud,
  sim   **Mi7**
pregunta por la Dolores,
     La
que una copla la mató (y en ofrenda
        Mi7
[de mi amor),
de vergüenza y sinsabores (en su
        La
[tumba ponle flores).
Di que te lo digo yo (ve que te lo pido
    Mi7
[yo),
el hijo de la Dolores.
    La

Dice la gente de mala lengua,
    La   **Mi7**
que por tu calle me ven rondar:
           La
¿Tú sabes su madre quién era?
  lam   **Mi7**
Dolores, la del cantar.
      lam

Yo la quería con amor bueno,
  Sol7   **Do**
mas la calumnia la avergonzó.
      Fa   **Mi**
Y no supo limpiarse el cieno,
      Mi7   **lam**
que la maldad le arrojó.
rem **Fa**   **Mi**

RECITADO
Copla que vas dando muerte,
con el alma te maldigo,
fuiste dolor de mi madre,
pero no podrás conmigo

Si vas a Calatayud,
    Mi7   **La**
si vas a Calatayud,
  sim   **Mi7**
pregunta por la Dolores,
     La
y en ofrenda de mi amor
    Mi7
en su tumba ponle flores.
   La
Ve que te lo pido yo,
  Mi7
el hijo de la Dolores.
    La

Siete vidas

Popular

Cuatro años de felicidad intercalada,
Do   **Sol**   **lam**
cuatro años de desconfiadas miradas.
Do   **Sol**   **lam**
Y una historia de amor interrumpida,
Fa   **Do**   **rem**
maldita sea, maldita sea mi vida.
   Fa   **Do**   **rem**   **Sol**

Y una nacida entre sus manos
Do   **Sol**   **lam**
y sus púas mi sangre han derramado,
Do   **Sol**   **lam**
sangre que brota del fondo del corazón,
Fa   **Do**   **rem**
maldita sea, qué pasó con mi corazón.
Fa   **Do**   **rem**   **Sol**

Tranquila, mi vida,
Do   **Sol**
he roto con el pasado.
    Fa
Mil caricias pa' decirte
mim
que siete vidas tiene un gato,
      lam
seis vidas ya he quemado
    Fa
y esta última la quiero vivir a tu lado.
     Sol   **Do**
Oh, oh, oh...
Sol   **lam**   **mim**   **Fa**   **Sol**

Y ahora me encuentro en medio de este lago
Do   **Sol**   **lam**
con los pelos de punta, recuerdos del pasado,
Do   **Sol**   **lam**
con la frente arrugada, mirando la explanada,
Fa   **Do**   **rem**
pensando en ella, que me dio todo por nada.
Fa   **Do**   **rem**   **Sol**

Sin miedo

Rosana

Sin miedo sientes que la suerte esta
La

[contigo,
Si

jugando con los duendes, abrigándote
sol♯m

[el camino,
do♯m

haciendo a cada paso lo mejor de lo
La

[vivido,
Si

mejor vivir sin miedo.
Mi

Sin miedo, lo malo se nos va volviendo
Mi

[bueno,
do♯m

las calles se confunden con el cielo
La

y nos hacemos aves, sobrevolando el
Fa♯   Si

[suelo, así,
sin miedo, si quieres las estrellas
Mi

[vuelco el cielo,
do♯m

no hay sueños imposibles ni tan lejos.
La

Si somos como niños,
Fa♯

sin miedo a la locura, sin miedo a
La   Si

[sonreír,

sin miedo sientes que la suerte está
La

[contigo..
Si

Sin miedo, las olas se acarician con
Mi

[el fuego
do♯r

si alzamos bien las yemas de los dedo
La

podemos de puntillas tocar el universo
Fa♯   Si

[así
sin miedo, las manos se nos llenan de
Mi

[deseo
do♯r

que no son imposibles ni están lejos
La

Si somos como niños.
Fa♯

Sin miedo a la locura, sin miedo a
La   Si

[sonreír
sin miedo sientes que la suerte esta
La

[contigo..
Si

lo malo se nos va volviendo bueno,
do♯m

si quieres las estrellas vuelco el cielo
La

sin miedo a la locura, sin miedo a
Si

[sonreír

La sirena

Popular

Cuando mi barco navega
lam
por las llanuras del mar,
      Mi
pongo atención, por si escucho,
a una sirena cantar...
    lam

Dicen que murió de amores,
lam
quien su canción escuchó;
      Mi
yo doy gustoso la vida,
siempre que fuera de amor.
    lam

Corre, vuela,
lam
corta la olas del mar,
     Mi
¡quién pudiera
a una sirena encontrar! (2)
    lam

Soldadito boliviano

N. Guillén – P. Ibáñez

ESTRIBILLO
Soldadito de Bolivia,
Do   **Fa**
soldadito boliviano,
Sol   **Do**
armado vas de tu rifle,
Do7
que es un rifle americano,
       Fa
que es un rifle americano,
       Sol
soldadito de Bolivia,
         Fa
que es un rifle americano.
    Sol   **Do**

Te lo dio el señor Barrientos,
Do   **Fa**
soldadito boliviano,
Sol   **Do**
regalo de míster Johnson
Do7
para matar a tu hermano,
      Fa
para matar a tu hermano,
      Sol
soldadito de Bolivia,
       Fa
para matar a tu hermano.
    Sol   **Do**

ESTRIBILLO
Soldadito de Bolivia...

No sabes quién es el muerto,
Do   **Fa**
soldadito boliviano,
Sol   **Do**

el muerto es el Che Guevara,
Do7
que era argentino y cubano,
      Fa
que era argentino y cubano,
      Sol
soldadito boliviano,
      Fa
que era argentino y cubano.
    Sol   **Do**

ESTRIBILLO
Soldadito de Bolivia...

Él fue tu mejor amigo,
Do   **Fa**
soldadito boliviano,
Sol   **Do**
él fue tu amigo, del pobre,
     Do7
del oriental altiplano,
     Fa
del oriental altiplano,
     Sol
soldadito de Bolivia,
      Fa
del oriental altiplano.
    Sol   **Do**

ESTRIBILLO
Soldadito de Bolivia...

Está mi guitarra entera,
Do   **Fa**
soldadito boliviano,
Sol   **Do**
de luto, pero no llora,
Do7

aunque llo<u>rar</u> es humano,
Fa
aunque llo<u>rar</u> es humano,
Sol
soldadito de Boli<u>via</u>,
Fa
aunque llo<u>rar</u> es huma<u>no</u>.
Sol **Do**

ESTRIBILLO
Soldadito de Bolivia...

<u>No</u> llora porque la <u>ho</u>ra,
Do **Fa**
<u>sol</u>dadito bol<u>iv</u>iano,
Sol **Do**
no e<u>s d</u>e lágrima y pañuelo,
Do7
sino de ma<u>ch</u>ete en mano,
Fa
sino de ma<u>ch</u>ete en mano,
Sol
soldadito de Boli<u>via</u>,
Fa
sino de ma<u>ch</u>ete en ma<u>no</u>.
Sol **Do**

ESTRIBILLO
Soldadito de Bolivia...

<u>Con</u> el cobre que te pa<u>ga</u>,
Do **Fa**
<u>sol</u>dadito bol<u>iv</u>iano,
Sol **Do**
que t<u>e v</u>endes, que te compra,
Do7
es lo que pi<u>en</u>sa el tirano,
Fa
es lo que pi<u>en</u>sa el tirano,
Sol
soldadito de Boli<u>via</u>,
Fa
es lo que pi<u>en</u>sa el tira<u>no</u>.
Sol **Do**

ESTRIBILLO
Soldadito de Bolivia..

<u>Pe</u>ro aprenderás seg<u>uro</u>,
Do **Fa**
<u>sol</u>dadito bol<u>iv</u>iano,
Sol **Do**
que <u>a u</u>n hermano no se mata,
Do7
que no se ma<u>ta</u> a un hermano,
Sol
soldadito de Boli<u>via</u>,
Fa
que no se mata <u>a u</u>n herma<u>no</u>.
Sol **Do**

Somos

M. Clavell

Después que nos besamos con el alma y con la vida,
Re7   **solm**   **rem**

te fuiste con la noche de aquella despedida.
       La7   **rem**

Y yo sentí que al irte mi pecho sollozaba
Re7   **solm**   **rem**

la confidencia triste de nuestro amor así:
       Mi7   **La7**

Somos un sueño imposible que busca la noche,
rem   **La7**

para olvidarse del tiempo del mundo y de todo,
solm   **La7**   **rem**

somos en nuestra quimera doliente y querida
       solm

dos hojas que el viento juntó en el otoño.
       Mi7   **solm**   **La7**   **solm**   **La7**

Somos dos seres en uno que amando se mueren,
rem   **La7**

para guardar en secreto lo mucho que quieren,
solm   **La7**   **rem**

pero qué importa la vida con esta separación,
       La7   **rem**   **Re7**

somos dos gotas de llanto en una canción.
solm   **La7**   **rem**

Nada más, eso somos,
       solm   **La7**

nada máááááááááás.
       rem solm La7 rem

Susanita

E. Aragón

ESTRIBILLO

<u>Su</u>sanita tiene un ratón,
Do

un ratón chiqui<u>tín</u>,
        Sol

que <u>co</u>me cho<u>col</u>ate y turrón
   lam   **mim**

y <u>bo</u>litas de <u>anís</u>.
 Fa   **Sol**

<u>Due</u>rme cerca del radiador,
 Do

con la almohada en los <u>pies</u>,
           Sol

y <u>sue</u>ña que es un gra<u>n c</u>ampeón
 lam   **mim**

<u>ju</u>gando al aje<u>drez</u>.
Fa   **Sol**

ESTRIBILLO

Susanita tiene un ratón...

<u>Le</u> <u>g</u>usta el fútbol, el cine y el teatro,
 Do

bailar tango, rock'n'<u>roll</u>,
         Sol

y <u>si</u> miramos,
 fam

si <u>no</u>ta que observamos,
 mim

si<u>em</u>pre nos canta esta can<u>ción</u>:
 Fa   **Sol**

ESTRIBILLO

Susanita tiene un ratón...

Te doy una canción

S. Rodríguez

Fa si♭m Fa si♭m

Cómo gasto papeles recordándote,
Fa   si♭m   Fa
cómo me haces hablar en el silencio,
        lam   Si♭
cómo no te me quitas de las ganas
              Sol7   Fa
aunque nadie me vea nunca contigo,
                    Do
                              [rem

y cómo pasa el tiempo,
Do   Fa
que de pronto son años,
 Do   Fa
sin pasar tú por mí, detenida.
rem   Sol7   Do Do7

Te doy una canción si abro una puerta
               Fa   rem
y de las sombras sales tú,
        lam   La
te doy una canción de madrugada
              rem   Si♭
cuando más quiero tu luz.
        Sol7   Do Do7

Te doy una canción cuando apareces
               Fa   rem
el misterio del amor,
lam   La
y si no apareces, no me importa,
rem   Si♭
yo te doy una canción.
        Sol7   Do Do7

Fa Fa7 Fa si♭m Fa

Si miro un poco afuera me detengo,
Fa   si♭m   Fa
la ciudad se derrumba y yo cantando,
        lam   Si♭
la gente que me odia y que me quiere
        Sol7   Fa
no me va a perdonar que me distraiga,
              Do
                          [rem

creen que lo digo todo,
Do   Fa
que me juego la vida
Do   Fa
porque no te conocen ni te sienten.
sim   Sol7   Do
                              [Do7

Te doy una canción y hago un discurso
                Fa   rem
sobre mi derecho a hablar,
lam   La
te doy una canción con mis dos manos,
              rem   Si♭
[con las mismas de matar.
     Sol7   Do Do7

Te doy una canción y digo patria,
                Fa   rem
y sigo hablando para ti,
lam   La
te doy una canción como un disparo,
              rem   Si♭
como un libro, una palabra, una
        Sol7   Fa
              [guerrilla,
                    Do Do7
como doy el amor.
        Fa

La rem rem/Do Si♭ Do Si♭ Fa

El toro y la luna

Popular

La luna se estaba peinando
rem   **solm**   **La7**
en los espejos del río.
rem
Y un toro la está mirando,
rem   **La7**
entre la jara escondido.
rem

Cuando llega la alegre mañana,
solm   **Do**
y la luna se escapa del río,
Fa   **solm**
el torito se mete en el agua,
La7   **solm**
embistiendo al ver que se ha ido.
La7

ESTRIBILLO
Ese toro enamorado de la luna,
Re
que abandona por las noches la maná.
mim   **La7**
Es pintado de amapolas y aceituna,
mim   **La7**
y le puso Campanero el mayoral.
mim   **La7**   **Re Sol La7**   **Re**

Los romeros de los montes le besan
[la frente,
las estrellas y luceros lo bañan de
Re7   **Sol**
[plata,
y torito que es bravío y de casta
solm   **Re**
[valiente,
Si7
abanicos de colores parecen sus patas.
mim   **La7**   **rem**

La luna sale esta noche,
solm   **La7**
con negra bata de cola,
rem
y el toro la está esperando,
rem   **La7**
entre la jara y la sombra.
rem

Y en la cara del agua del río,
solm   **Do**
donde duerme la luna lunera,
Fa   **solm**
el torito de casta bravío
La7   **solm**
la vigila como un centinela.
La7

ESTRIBILLO
Ese toro enamorado de la luna...

Los romeros de los montes le besan
[la frente,
las estrellas y luceros lo bañan de
Re7   **Sol**
[plata,
y torito que es bravío y de casta
solm   **Re**
[valiente,
Si7
abanicos de colores parecen sus patas.
mim   **La7**   **rem**

La tuna llegó

Popular

Va cayendo ya la noche en la ciudad
La
y se acerca el murmullo de la tuna,
sim **Mi7**
pandereta va marcando ya el compás,
sim **Mi7**
y un revuelo de guitarras y bandurrias.
sim **Mi7** **La**

Las mujeres todas loquitas ya,
al sentir que bajo su balcón pasamos,
La7 **Re**
y celosas, temerosas, temblorosas,
La
se les hace el culo gaseosa
Fa♯ **sim**
ante aquesta donosura que gastamos.
Mi7 **La**

La de Ingenieros llegó,
La **Mi7** **La**
cantando va y su alegría en la ciudad dejó,
sim **Mi7**
y un tuno con aire vacilón
sim **Mi7**
te robará el corazón... ¡Mujer!
sim **Mi7** **La**

Déjate amar por él
La **Mi7** **La**
y llegarás a enloquecer de amor,
Fa♯ **sim**
y sentir la vida llena de colores,
Re **Mi7** **La** **Fa♯7**
de alegría y buen humor.
sim **Mi7** **La**

116

Tus ojos

Popular

Por qué son tus ojos así,
lam   **La7**   **rem**
con ese distinto color,
Sol7   **Do**
pupilas que son para mí
Fa   **Mi7**
como frases de amor.
lam

Piropos que el cielo te echó,
La7   **rem**
preguntas que no sé explicar,
Sol7   **Do**
mañana radiante de sol
Fa   **Mi7**
o negra oscuridad.
lam

ESTRIBILLO
Yo te quiero, yo te quiero,
La7   **rem**
tu recuerdo me hace llorar,
Sol7   **Do**
que otra tuna en tu ventana,
Mi7   **lam**
al marcharme yo, esta canción cantará.
Fa Mi7   **lam**

Por qué tanto brillo al reír,
La7   **rem**
por qué tanta luz al llorar,
Sol7   **Do**
por qué son tus ojos así,
Fa   **Mi7**
como el verde del mar.
lam

ESTRIBILLO
Yo te quiero, yo te quiero...

Esta voz cansada se ha escuchado,
rem
me has sentido, me has mirado,
lam
y ahora vuelvo a comprender lo bello
Mi7
[de la vida.
Mi guitarra vibra de alegría,
lam   **rem**
ahora sé que fuiste mía,
lam
que hoy lo eres, que serás mañana y
Mi7
[siempre.

ESTRIBILLO
Yo te quiero, yo te quiero...

Un ramito de violetas

E. Sobredo

Era feliz en su matrimonio
sim   mim   La7   Re

aunque su marido era el mismo
Sol   Do#7   Fa#7

[demonio.
sim

Tenía el hombre un poco de mal genio
          mim   La7   Re

y ella se quejaba de que nunca fue
Sol   Do#7   Fa#7

[tierno.
sim

Desde hace ya más de tres años
        Fa#7   sim

recibe cartas de un extraño,
    La7   Re

cartas llenas de poesía
    Do#7 Fa#7   sim

que le han devuelto la alegría.
        Sol   Fa#7 sim

ESTRIBILLO
Quién le escribía versos, dime quién
                                    mim

[era,
quién le mandaba flores por primavera,
La7   Re

quién cada nueve de noviembre,
    Sol   Fa#7

como siempre sin tarjeta,
                    sim

le mandaba un ramito de violetas.
Sol   Fa#7   sim

A veces sueña y se imagina
        mim   La7   Re

cómo será aquel que tanto la estima,
Sol   Do#7   Fa#7   sim

sería un hombre más bien de pelo
            mim   La7

[cano,
                    Re

sonrisa abierta y ternura en las manos.
Sol   Do#7   Fa#7   sim

No sabe quién sufre en silencio,
        Fa#7   sim

quién puede ser su amor secreto
La7   Re

y vive así de día en día
        Do#7   Fa#7 sim

con la ilusión de ser querida.
        Sol Fa#7   sim

ESTRIBILLO
Quién le escribía versos, dime quién...

Y cada tarde, al volver su esposo,
        mim   La7   Re

cansado del trabajo la mira de reojo.
Sol   Do#7   Fa#7   sim

No dice nada porque lo sabe todo,
        mim   La7   rem

sabe que es feliz así de cualquier modo
Sol   Do#7   Fa#7   sim

porque él es quien le escribe versos,
                Fa#7   sim

él, su amante, su amor secreto,
    La7   Re

y ella que no sabe nada
        Do#7 Fa#7   sim

mira a su marido y luego calla.
        Sol   Fa#7   sim

ESTRIBILLO
Quién le escribía versos, dime quién...

Una rosa es una rosa

J. M. Cano – N. Cano

Es por culpa de una hembra, que me estoy volviendo loco.
Mi   Si7 do#m   Sol#7
No puedo vivir sin ella, pero con ella tampoco.
La   Sol#7 La   Si7
Y si de este mal de amores yo me fuera pa' la tumba,
Mi   Si7 do#m   Sol#7
a mí no me mandéis flores. que como dice esta rumba:
La   Sol#7 La   Si7

ESTRIBILLO 1
Quise cortar la flor más tierna del rosal
        mim
pensando que de amor no me podría pinchar
        sim/Mi
y mientras me pinchaba me enseñó una cosa.
        lam
Que una rosa es una rosa, es una rosa.
     Re   Si7
(Que una rosa es una rosa, es una rosa.)
     Do   Si7

ESTRIBILLO 2
Y cuando abrí la mano y la dejé caer
         mim
rompieron a sangrar las llagas en mi piel
         sim/Mi
y con sus pétalos me las curó, mimosa,
        lam
que una rosa es una rosa, es una rosa.
     Re   Si7

Pero cuanto más me cura, al ratito más me escuece,
Mi   Si7 do#m   Sol#7
porque amar es el empiece de la palabra amargura.
La   Sol#7 La   Si7
Una mentira y un credo por cada espina del tallo
Mi   Si7 do#m   Sol#7
que injertándose en los dedos una rosa es un rosario.
La   Sol#7 La   Si7

ESTRIBILLO 1
Quise cortar la flor más tierna del rosal...

ESTRIBILLO 2
Y cuando abrí la mano y la dejé caer...

119

El vagabundo

V. Simón – A. Gil

Qué importa saber quién soy,
   rem   Re7   solm
ni de dónde vengo ni por dónde voy.
       rem   La7 rem
Lo que yo quiero son tus lindos ojos, morena,
     Re7   solm   Do
tan llenos de amor.
     Fa

El sol brilla en lo infinito,
  solm   La7
y el mundo es tan pequeñito.
   solm   La7
Qué importa saber quién soy,
   solm   rem
ni de dónde vengo ni por dónde voy,
     La7   rem
lo que yo quiero es que me des tu amor,
     solm   Do Fa
que me da la vida, que me da calor.
  Si♭7 solm   La7   rem

Tú me desprecias por ser vagabundo,
    solm   La7
y mi destino es vivir así.
rem La7   rem
Si vagabundo es el propio mundo,
          Do
que va girando en un cielo azul.
  Si♭7   La7

Qué importa saber quién soy,
  solm   rem
ni de dónde vengo ni por dónde voy.
   La7   rem Re7
Lo que yo quiero es que me des tu amor,
    solm   rem
que me da la vida, que me da calor.
   La7   rem   Re 7
Qué importa saber quién soy,
  solm   Do Fa
ni de dónde vengo ni por dónde voy.
  Si♭7   solm   La7 rem

Verde que te quiero verde

P. Andión

Verde que te quiero verde, ¡ay!
Mi   **Si7**
verde que te quiero verde (2).
        Mi

Los toros se han rebelado,
       Si7
la impotencia llora y llama
La   **Mi**
y desde un río de sangre
      Si7
hay una voz que reclama,
      Mi
hay una voz que reclama.

La importancia de un amigo,
       Si7
poeta de cien mil lunas,
La   **Mi**
garganta dura y hombruna,
      Si7
gitano de profesión, ¡ay!
     Mi
por quien hoy rompo la voz.
      Si7

Verde que te quiero verde, ¡ay!
Mi   **Si7**
verde que te quiero verde.
      Mi

Se te escapó la mañana
      Si7
por detrás de la Alcazaba,
La   **Mi**
caminando ya sin prisa, ¡ay!
     Si7
amaestrando sonrisas.
    Mi

Y se tiñeron los campos
      Si7
verdes de la primavera
La   **Mi**
cuando la nación entera
      Si7
cabalgó sobre tu llanto, ¡ay!
     Mi
tú poeta y ellos tantos.
     Si7

Verde que te quiero verde,
Mi   **Si7**
verde que te quiero verde.
     Mi

Hoy el verso me reclama
      Si7
una luz y una llamada,
     Mi
un canto de cuerpo y alma
     Si7
como el que el tuyo cantaba, ¡ay!
     Mi
como el que el tuyo cantaba.
     Si7

Y el pueblo llora la calma
y canta porque se ahorca
La   **Mi**
y hace tu muerte inmortal
     Si7
cada vez que alguien te nombra,
     Mi
Federico García Lorca.
     Si7

Viva la gente

Viva la gente

ESTRIBILLO

¡Viva la gente!
  Sol

La hay donde quiere que vas.
Do   Sol

¡Viva la gente!

Es lo que nos gusta más.
La7   Re7

Con más gente
  Sol

a favor de gente,
   Sol7

en cada pueblo o nación,
Do   Sol

habría menos gente difícil
     Do   Sol

y más gente con corazón,
    Re   Sol

habría menos gente difícil
     Do   Sol

y más gente con corazón.
    Re   Sol

Esta mañana de paseo
Sol

con la gente me encontré,
   Do   Sol

al lechero, al cartero y al policía
         La7

         [saludé.
         Re7

Detrás de cada ventana
       Sol7

y puerta reconocí
Do   Sol

mucha gente que antes ni siquiera la
Do   Sol Re7

        [vi.
        Sol

ESTRIBILLO

¡Viva la gente!...

Gente de las ciudades
Sol

y también del interior,
      Do   Sol

la vi como un ejército cada vez
               La7

             [mayor.
             Re7

Entonces me di cuenta
          Sol

de una gran realidad:
    Do   Sol

las cosas son importantes,
     Do   Sol

pero la gente lo es más.
Re7   Sol

ESTRIBILLO

¡Viva la gente!...

Dentro de cada uno
  Sol

hay un bien y hay un mal,
      Do   Sol

mas no dejes que ninguno
     Do   Sol

ataque a la humanidad.
  Re   Sol

Ámalos como son, mas lucha
          Do   Sol

         [porque sean
             Re

hombres y mujeres como Dios
    Do   Sol

quiso que fueran.
Re7   Sol

Ya viene la vieja

Ya viene la vieja
Do   Sol7   Do   Sol7

con el aguinaldo,
Do   Sol7 Do   Sol7

le parece mucho,
Do   solm Do   Sol7

le viene quitando.
Do Sol7   Do   Sol7

Le parece mucho,
Do   solm Do   Sol7

le viene quitando.
Do Sol7   Do   Sol7

ESTRIBILLO
Pampanitos verdes,
    Sol7   Do

hojas de limón,
    Sol7   Do

la Virgen María,
   Sol7   Do

Madre del Señor.
    Sol7   Do

Ya vienen los Reyes
Do   Sol7   Do   Sol7

por los arenales,
Do   Sol7   Do   Sol7

ya le traen al Niño
Do   solm   Do   Sol7

muy ricos pañales.
Do   Sol7   Do   Sol7

ESTRIBILLO
Pampanitos verdes...

Oro trae Melchor,
Do Sol7   Do   Sol7

incienso Gaspar
Do   Sol7   Do   Sol7

y olorosa mirra
Do Sol7   Do   Sol7

trae Baltasar.
Do Sol7   Do   Sol7

ESTRIBILLO
Pampanitos verdes...

Yo vendo unos ojos negros

Nat King Cole

Yo vendo unos ojos negros,
Re
¿quién me los quiere comprar?,
         Mi   **La7**
los vendo por hechiceros,
  mim   **Mi7**
porque me han pagado mal.
  mim   **La7**

ESTRIBILLO
Más te quisiera,
  Re   **La7**
más te amo yo,
Sol La7 Sol Re
que todas las noches las paso
          Mi   **La7**
suspirando por tu amor.
  mim   **La7**   **Re**

Las flores de mi jardín
con el sol se decoloran
      Mi   **La7**
y los ojos de mi chata
   mim   **Mi7**
lloran por el bien que adoran.
  mim   **La7**

ESTRIBILLO
Más te quisiera...

Cada vez que tengo penas,
me voy a la orilla del mar
         Mi   **La7**
a preguntarle a las olas
    mim   **Mi7**
si han visto a mi amor pasar.
  mim   **La7**

ESTRIBILLO
Más te quisiera...

Ojos negros traicioneros,
¿por qué me miráis así?
         Mi **La7**
tan alegres para otros
   mim   **Mi7**
y tan tristes para mí.
  mim   **La7**

ESTRIBILLO
Más te quisiera...

Zamba de mi esperanza

L. Morales

Zamba de mi esperanza,
Mi
amanecida como un querer,
Si7
sueño, sueño del alma,
La   **Mi**
que a veces muere sin florecer.
Si7   **Mi**   **Mi7**

Zamba, a ti te canto,
Mi
porque tu canto derrama amor,
Si7
caricia de tu pañuelo,
La   **Mi**
que va envolviendo mi corazón.
Si7   **Mi**   **Mi7**

Estrella, tú que miraste,
Mi
tú que escuchaste mi padecer,
Si7
estrella, deja que cante,
La   **Mi**
deja que quiera como yo sé.
Si7   **Mi**   **Mi7**

El tiempo que va pasando,
Mi
como la vida, no vuelve más,
Si7
el tiempo me va matando,
La   **Mi**
y tu cariño será, será.
Si7   **Mi**   **Mi7**

Hundido en el horizonte,
Mi
soy polvareda que al viento va,
Si7
zamba, ya no me dejes,
La   **Mi**
yo sin tu canto no vivo más.
Si7   **Mi**   **Mi7**